나의 타자실력은?

날 짜	평균 타수	정확도(%)	선생님 확인
월 일			
월 일			
월 일			
월 일			
월 일			
월 일			
월 일			
월 일			
월 일			
월 일			
월 일			
월 일			
월 일			
월 일			
월 일			
월 일			
월 일			
월 일			
월 일			

KB139653

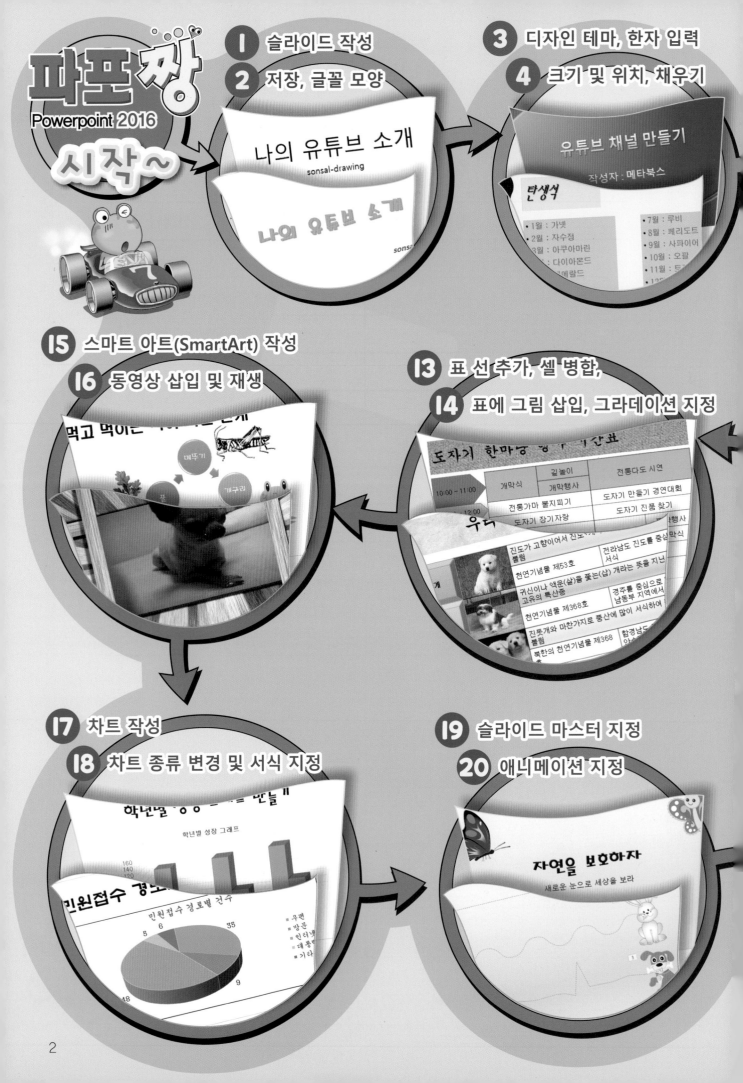

5 온라인 그림, 기호 삽입
6 글머리 기호 및 번호 매기기, 그림 삽입

7 온라인 그림, 글머리 기호
8 사진 앨범

11 워드아트(WordArt) 작성
12 표 작성

9 도형 작성
10 도형 회전 및 대칭, 그룹

21 실행 단추, 하이퍼링크 지정
22 화면 전환, 슬라이드 쇼 실행

23 인쇄(유인물, 슬라이드 노트)
24 온라인 그림, 실행 단추

골인~

3

이 책의 차례

PART 03

특별부록 – SELF STUDY BOOK

파워포인트 2016 자료 다운로드 방법

1 렉스미디어 홈페이지(http://www.rexmedia.net)에 접속한 후 [자료실]-[대용량 자료실]을 클릭합니다. 그런 다음 렉스미디어 자료실 페이지가 나타나면 [Meta Books]을 클릭한 후 [(메타북스) 파포짱2016.zip]를 클릭합니다.

2 다운로드가 완료되면 [폴더에 표시]를 클릭합니다.

3 파일 탐색기가 실행되면 파일을 압축 해제한 후 파워포인트 2016 자료를 확인합니다.

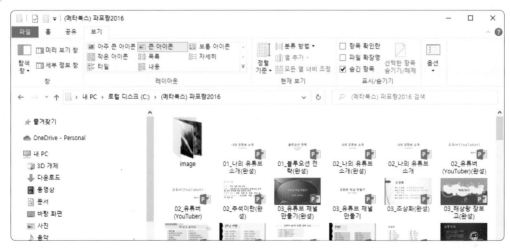

Powerpoint 2016

파포짱

PART 01

아~아~ 방송을 시작하겠습니다.

◆ 파워포인트 2016을 실행하고 둘러봅니다.
◆ 슬라이드를 작성하는 방법을 알아봅니다.
◆ 슬라이드를 저장하고 종료하는 방법을 알아봅니다.

META 방송 프레젠테이션 시작하기

① 파워포인트 2016을 시작하기 위해 ⊞**[시작] 단추를 클릭**한 후 앱 뷰에서 **[PowerPoint 2016]을 클릭**합니다.

② 파워포인트 2016이 실행되면 **[새 프레젠테이션]을 클릭**합니다.

③ 다음과 같이 파워포인트 2016 작업 화면이 표시됩니다.

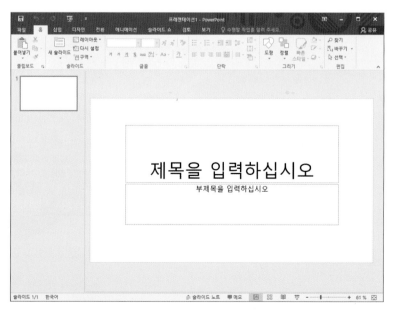

◎ 파워포인트 2016 화면구성 살펴보기

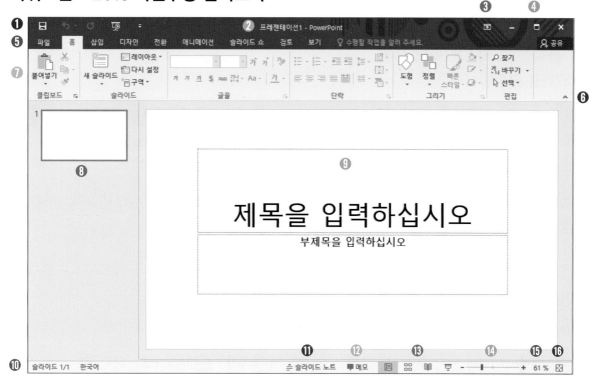

❶ **빠른 실행 도구 모음** : 자주 사용하는 명령을 빠르게 실행할 수 있도록 도구를 모아 놓은 곳입니다.

❷ **제목 표시줄** : 문서의 파일 이름과 프로그램 이름(PowerPoint)이 표시되는 곳입니다. 문서를 저장하지 않아서 문서의 파일 이름이 없는 경우 '프레젠테이션1'과 같이 표시됩니다.

❸ **리본 메뉴** : [리본 메뉴 옵션]을 클릭하면 [리본 메뉴 자동 숨기기], [탭 표시], [탭 및 명령 표시]로 변경할 수 있습니다.

❹ **창 조절 단추** : 파워포인트 창(－[최소화], □[최대화])을 조절하거나 파워포인트를 ⊠[종료]할 수 있는 단추입니다.

❺ **파일 탭** : [파일] 탭을 클릭하면 백스테이지(Backstage)로 전환됩니다.

❻ **리본 메뉴 축소** : 화면이 좁아 보기 불편하다면 리본 메뉴를 축소하고 탭 이름만 표시합니다.

❼ **리본 메뉴** : 메뉴와 도구 모음이 하나로 통합된 메뉴입니다. [홈], [삽입], [디자인] 등의 탭으로 구성되어 있고, 탭은 서로 관련 있는 명령들을 묶어서 표시한 그룹으로 구성되어 있습니다.

❽ **개요 및 슬라이드 창** : 프레젠테이션 문서 안의 모든 슬라이드가 순서대로 표시되며, [슬라이드] 탭은 작은 그림으로 볼 수 있고 [개요] 탭은 각 슬라이드에 입력한 제목 및 내용을 텍스트로 볼 수 있습니다.

❾ **슬라이드 창** : 슬라이드를 편집하는 영역으로 도형, 표, 차트, 그림, 동영상 등의 개체를 삽입하거나 텍스트를 입력할 수 있습니다.

❿ **상태 표시줄** : 현재 작업 중인 슬라이드의 번호, 슬라이드에 적용한 디자인 테마 파일 이름, 사용하고 있는 언어 등의 정보가 표시됩니다.

⓫ **슬라이드 노트 창** : 슬라이드 창에 표시된 슬라이드 내용에 대한 부연 설명을 입력하는 영역입니다. 이곳에 입력한 내용을 유인물 형태로 인쇄할 수 있습니다.

⓬ **메모** : [메모] 작업 창이 표시됩니다.

⓭ **화면 보기 단추** : 프레젠테이션 보기 기능을 단추 형태로 만들어 놓은 곳으로 ▣[기본], ⬚⬚[여러 슬라이드], ▥[읽기용 보기], ▽[슬라이드 쇼]로 구성되어 있습니다.

⓮ **확대/축소 슬라이더** : ＋[확대]나 －[축소]를 클릭하거나 ▮[확대/축소]를 드래그하여 시트 화면의 확대/축소 배율을 지정할 수 있는 곳입니다.

⓯ **확대/축소** : 시트 화면의 확대/축소 배율이 퍼센트(%)로 표시되는 곳입니다.

⓰ **슬라이드 창 맞춤** : 슬라이드 창의 크기를 현재 작업 중인 창의 크기에 맞출 수 있습니다.

① 제목 슬라이드의 **제목 텍스트 상자를 클릭**한 후 **텍스트(나의 유튜브 소개)를 입력**합니다.

파워포인트를 실행하면 나타나는 슬라이드가 제목 슬라이드입니다.

② 제목 텍스트가 입력되면 **부제목 텍스트 상자를 클릭**한 후 **텍스트 (sonsal-drawing)를 입력**합니다.

③ [홈] 탭-[슬라이드] 그룹에서 **[새 슬라이드]의 [목록]을 클릭**한 후 **[제목 및 내용] 슬라이드를 클릭**합니다.

Ctrl+M을 눌러 새 슬라이드를 추가할 수 있습니다.

④ [제목 및 내용] 슬라이드가 추가되면 **제목 텍스트 상자에 텍스트(영상 소개)를 입력**한 후 **본문 텍스트 상자에 내용을 입력**합니다.

방송 프레젠테이션 저장하고 종료하기

① 작성한 문서를 저장하기 위해 **[파일] 탭을 클릭**한 후 백스테이지(Backstage) 화면으로 전환되면 **[다른 이름으로 저장]을 클릭**합니다. 그런다음 **[찾아보기]를 클릭**합니다.

빠른 실행 도구 모음의 📄[저장]을 클릭하거나 Ctrl+S를 눌러 저장할 수 있습니다.

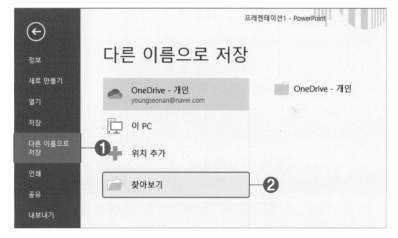

② [다른 이름으로 저장] 대화상자가 나타나면 **저장 위치(내 PC\문서\본인 이름)를 지정**한 후 **파일 이름(나의 유튜브 소개)을 입력**한 다음 **[저장] 단추를 클릭**합니다.

폴더를 만들기 위해 [내 PC\문서] 폴더에서 [새 폴더]를 클릭한 후 폴더명을 입력한 다음 Enter를 누릅니다.

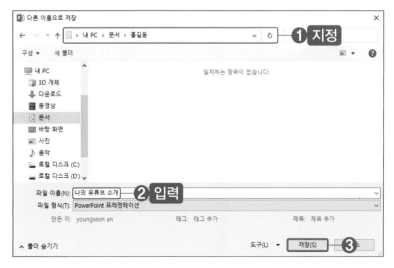

③ 문서가 저장되면 제목 표시줄에 파일 이름이 표시됩니다.

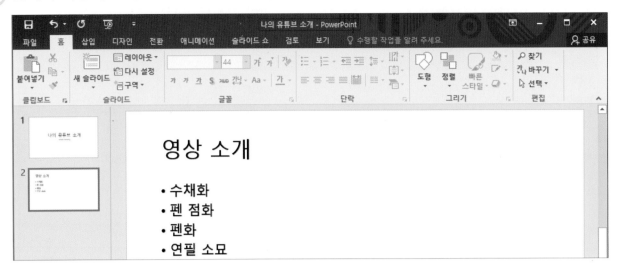

④ 파워포인트 2016을 종료하기 위해 창 조절 단추에서 ×[닫기]를 클릭합니다.

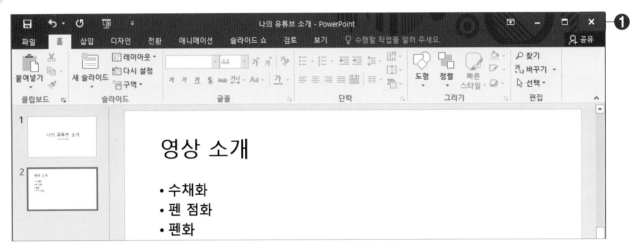

마지막 점검 문제

1 파워포인트 2016 화면구성 요소를 빈칸에 적고 올바르게 연결하세요.

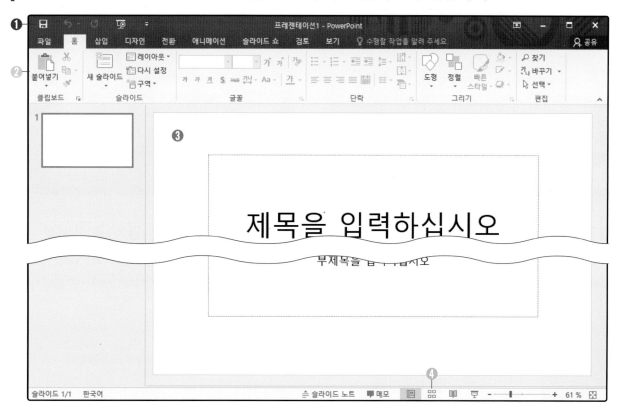

- 메뉴와 도구 모임이 하나로 통합된 인터페이스 •
- 슬라이드 보는 방법을 선택할 수 있는 단추 •
- 자주 사용하는 명령을 빠르게 실행할 수 있도록 도구를 모아 놓은 곳 •
- 슬라이드를 편집하는 영역으로 도형, 표, 그림 등의 개체를 삽입 •

- ❶ □□□□□□□
- ❷ □□□□
- ❸ □□□□□
- ❹ □□□□□□

2 슬라이드에 해당하는 이름을 바르게 연력해 보세요.

 •

• 제목 및 내용

 •

• 제목만

 •

• 제목 슬라이드

 •

• 콘텐츠 2개

2 알록달록 프레젠테이션 문서 꾸미기

◆ 저장한 슬라이드를 불러오고 글꼴 모양을 꾸미는 방법에 대해 알아보겠습니다.
◆ 글꼴 색을 바꾸고 다른 이름으로 저장하는 방법에 대해 알아보겠습니다.

META 저장한 슬라이드 불러와서 꾸미기

① **파워포인트 2016을 실행**한 후 새 문서 서식 창에서 **[다른 프레젠테이션 열기]**를 **클릭**합니다. 그런다음 [열기] 탭의 백스테이지(Backstage) 화면으로 전환되면 **[찾아보기]**을 **클릭**합니다.

Tip

[Ctrl]+[O]를 눌러 프레젠테이션 문서를 열 수 있습니다.

② [열기] 대화상자가 표시되면 **찾는 위치((메타북스) 파포짱2016) 및 파일 이름(02_나의 유튜브 소개)을 선택**한 후 **[열기]를 단추를 클릭**합니다.

Tip

• 예제 다운로드 및 설치는 6페이지를 참고하세요.
• [내 PC\문서\본인 이름] 폴더에 저장한 파일을 불러와도됩니다.

③ 문서가 열리면 첫 번째 슬라이드에서 제목 텍스트 상자의 **제목을 드래그하여 블록으로 지정**한 후 [홈] 탭-[글꼴] 그룹에서 **글꼴(휴먼매직체), 글꼴 크기(80), 글꼴 스타일(⅛[진하게], ⑤ [텍스트 그림자])을 지정**합니다.

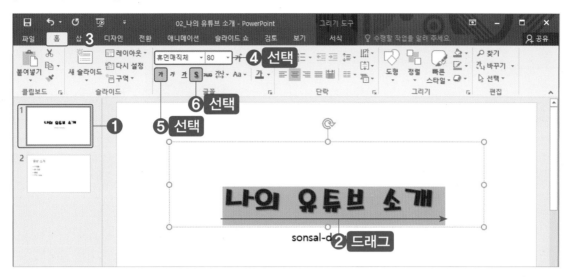

④ 글꼴 색을 지정하기 위해 [홈] 탭-[글꼴] 그룹에서 **[글꼴 색]의 ·[목록] 단추를 클릭**한 후 **[녹색, 강조 6]을 클릭**합니다.

⑤ **부제목 텍스트를 드래그하여 블록으로 지정**한 후 [홈] 탭-[글꼴] 그룹에서 **글꼴 스타일(⅛[진하게], ⅛[기울임꼴]), 글꼴 색(자주)를 지정**합니다.

⑥ 세로 가운데 정렬하기 위해 [홈] 탭-[단락] 그룹에서 📼 -**[텍스트 맞춤]-[중간]을 클릭**합니다.

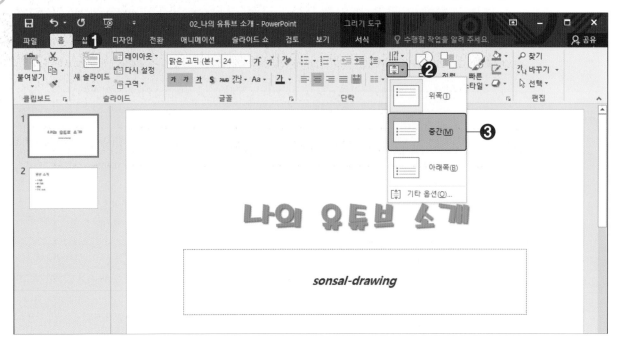

⑦ 부제목을 오른쪽 정렬하기 위해 [홈] 탭-[단락] 그룹에서 ≡**[오른쪽 맞춤]을 클릭**합니다.

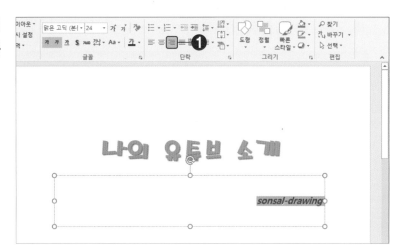

⑧ **두 번째 슬라이드를 클릭**한 후 **제목 및 내용을 작성**합니다.

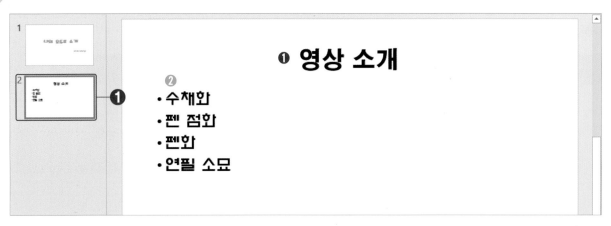

Tip

❶ 글꼴(HY견고딕), 글꼴 크기(48pt), ≡[가운데 맞춤]
❷ 글꼴(휴먼엑스포), 글꼴 크기(32pt)

⑨ 두 번째 슬라이드 **제목을 드래그하여 블록으로 설정**한 후 [홈] 탭-[글꼴] 그룹에서 **글꼴 색의
▾[목록] 단추를 클릭**한 다음 [다른 색]을 클릭합니다.

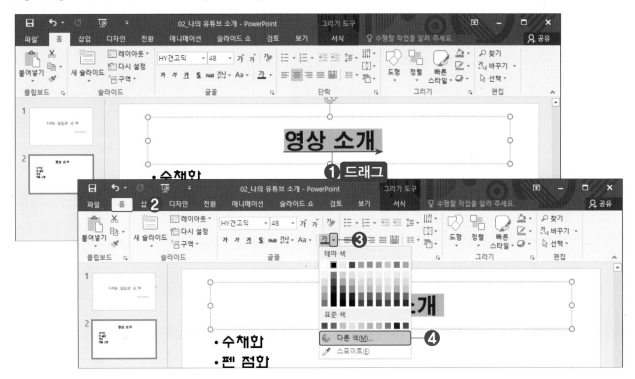

⑩ [색] 대화상자가 표시되면 **핑
크색 계열을 선택**한 후 [확
인] 단추를 클릭합니다.

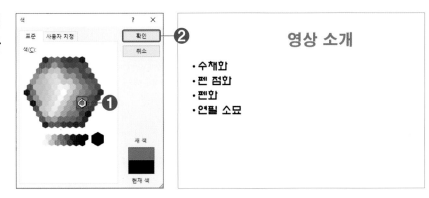

META 다른 이름으로 저장하기

① 작성한 문서를 다른 이름으로 저장
하기 위해 **[파일] 탭을 클릭**한 후 백
스테이지(Backstage) 화면으로 전환
되면 **[다른 이름으로 저장]을 클릭**
합니다. 그런다음 **[찾아보기]를 클
릭**합니다.

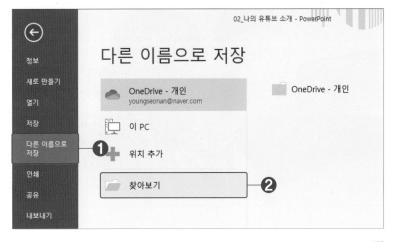

② [다른 이름으로 저장] 대화상자가 나타나면 **저장 위치(내 PC\문서\본인 이름)를 지정**한 후 **파일 이름(나의 유튜브 글자 모양 꾸미기)을 입력**한 다음 [저장] 단추를 **클릭**합니다.

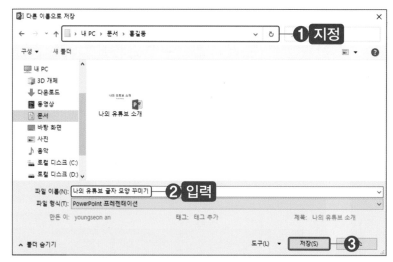

③ 문서가 저장되면 제목 표시줄에 파일 이름과 저장 위치가 표시됩니다.

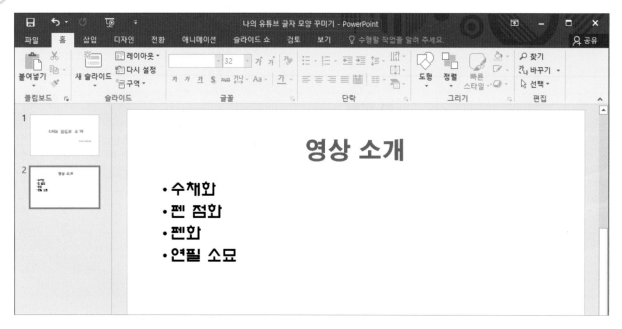

1 다음과 같이 첫 번째 슬라이드에 작성해 보세요.

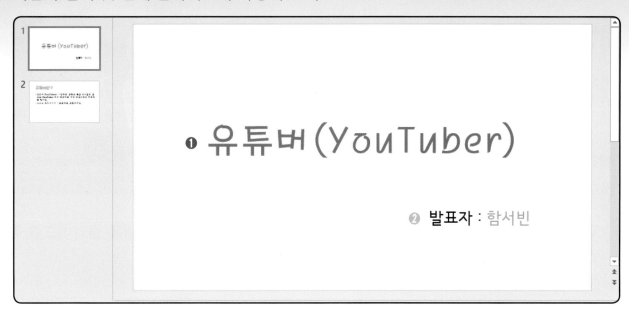

❶ 글꼴(HY엽서M), 글꼴 크기(72pt), 글꼴 색(파랑, 강조 5)
❷ 글꼴(함초롬돋움), 글꼴 크기(32pt), 글꼴 색(녹색, 강조 6), 텍스트 맞춤(아래쪽)

2 두 번째 슬라이드를 작성한 후 "유튜버(YouTuber)"로 저장해 보세요.

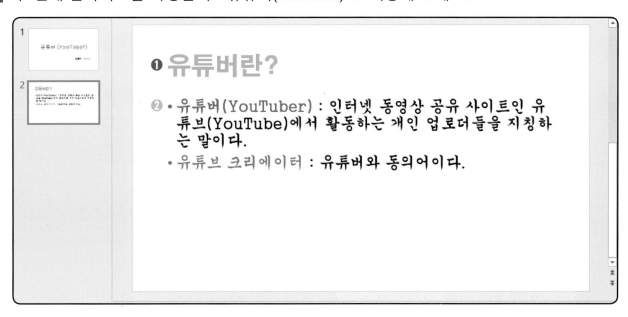

❶ 글꼴(HY견고딕), 글꼴 크기(50pt), 글꼴 색(녹색)
❷ 글꼴(궁서), 글꼴 크기(32pt), 글꼴 색(빨강, 파랑)

3 세련된 슬라이드로 유튜버 뽐내기

◆ 디자인 테마를 지정하는 방법에 대해 알아보겠습니다.
◆ 한자를 입력하는 방법에 대해 알아보겠습니다.

META 테마 지정하기

① **파워포인트 2016**을 **실행**한 후 다음과 같이 **제목 슬라이드**와 **제목 및 내용 슬라이드**를 **작성**합니다.

유튜브 채널 만들기

작성자 : 메타북스

유튜브 채널 만드는 방법

• 유튜브 사이트에 로그인하기
• 오른쪽 위의 동그라미 안의 이름을 클릭하기
• 채널 만들기를 클릭하기
• 내 채널의 이름 작성하기
• 사진 업로드하기

② 디자인 테마를 적용하기 위해 [디자인] 탭-[테마] 그룹에서 ⬒[자세히]를 클릭합니다. 그런다음 테마 목록이 표시되면 ▨▨[3D 메탈 테마]를 클릭합니다.

③ 다음과 같이 디자인 테마가 적용됩니다.

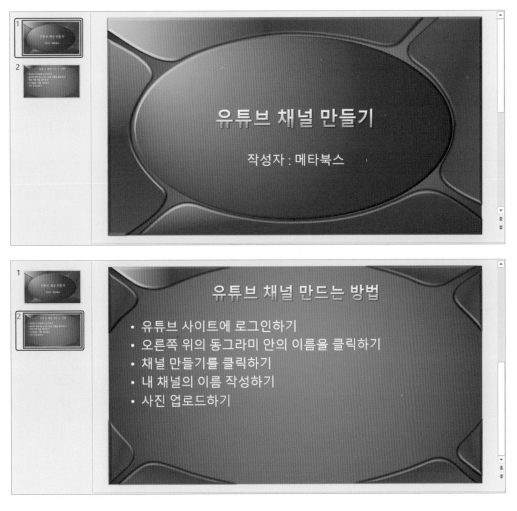

META 줄 간격 지정하기

① 줄 간격을 지정할 부분을 드래그하여 블록으로 지정한 후 [홈] 탭-[단락] 그룹에서 ⁑▾[줄 간격]을 클릭한 다음 [1.5]를 클릭합니다.

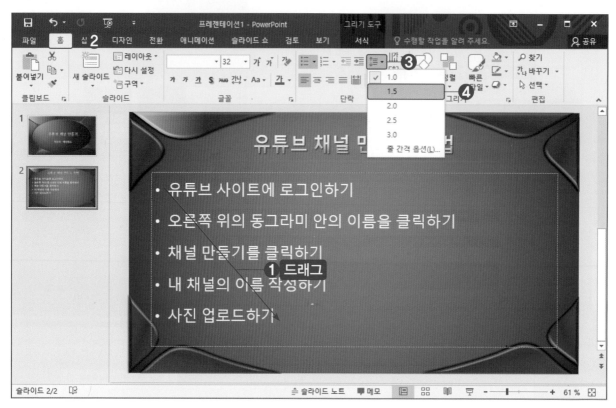

알아두면 꿀팁!

◎ 줄 간격 옵션

글을 입력했을 때 줄과 줄 사이의 간격을 줄 간격이라고 합니다. 줄 간격은 주로 줄 사이 간격이 너무 벌어져 있거나 너무 붙어 있을 때 조절합니다.

❶ [홈] 탭-[단락] 그룹에서 ⁑▾[줄 간격]을 클릭한 후 [줄 간격 옵션]을 클릭합니다.

❷ [단락] 대화상자가 표시되면 간격 항목에서 줄 간격(배수)를 선택한 후 값을 입력한 다음 [확인]을 클릭합니다.

① 한자로 바꿀 **단어(작성)을 드래그하여 블록으로 설정**한 후 [검토] 탭-[언어] 그룹에서 **[한글/한자 변환]을 클릭**합니다.

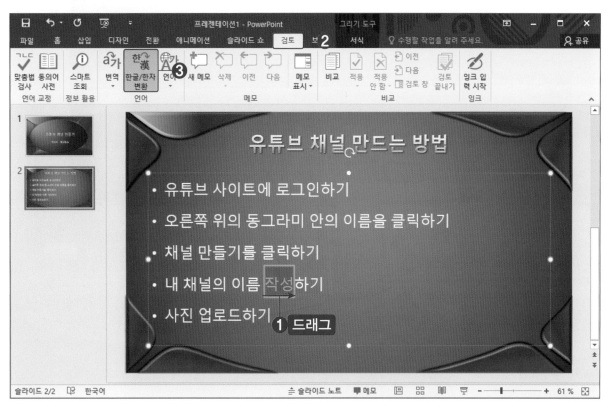

> 💡 **Tip**
>
> 블록을 설정한 후 키보드에서 [한자]를 누르면 빠르게 한자를 변환할 수 있습니다.

② [한글/한자 변환] 대화상자가 표시되면 **한자(作成)를 선택**한 후 **입력 형태(한글(漢字))를 선택**한 다음 **[변환] 단추를 클릭**합니다.

알아두면 꿀팁!

◎ **입력 형태**

• 한글 : 作成 → 작성
• 한글(漢字) : 作成 → 작성(作成)

• 漢字 : 작성 → 作成
• 漢字(한글) : 작성 → 作成(작성)

③ 다음과 같이 한글 '작성'이 한자로 변환되면 같은 방법으로 **'사진'을 '(寫眞)사진'으로 변환**합니다.

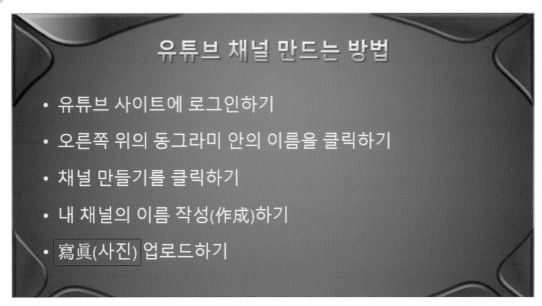

◎ **한자 사전**

[한글/한자 변환] 대화상자에서 📖[한자 사전]을 클릭하면 한자의 음, 뜻, 획수 등을 확인할 수 있는 [한자 사전] 대화상자가 표시됩니다.

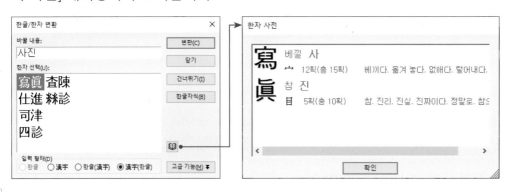

1 다음과 같이 프레젠테이션을 작성한 후 디자인 테마(어린이 테마)를 지정한 다음 줄 간격 및 한자를 변환해 보세요.

해상왕 장보고(張保皐)

문헌 : 삼국사기

해상왕 장보고(張保皐)

1 ○ 8세기말~9세기 초중반을 살았던 인물

○ 완도(莞島)에서 태어나 당나라 강소성 서주에서 무령군중 소장으로 활약

○ 귀국하여 완도에 청해진을 설치하고 해적 소탕과 동북아 해상무역을 장악한 우리 역사에서 유일하게 해외경영을 한 인물

❶ 줄 간격 : 배수, 1.4

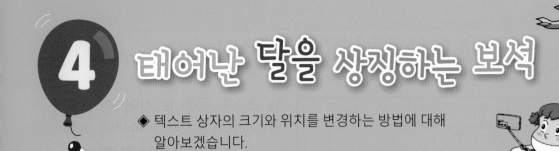

4 태어난 달을 상징하는 보석

◆ 텍스트 상자의 크기와 위치를 변경하는 방법에 대해
  알아보겠습니다.
◆ 텍스트 상자에 색을 채우는 방법에 대해
  알아보겠습니다.

META 텍스트 상자의 크기와 위치 바꾸기

① 파워포인트를 실행한 후 [홈] 탭-[슬라이드] 그룹에서 **[레이아웃]**을 **클릭**한 다음 **[콘텐츠 2개]**를 **클릭**합니다.

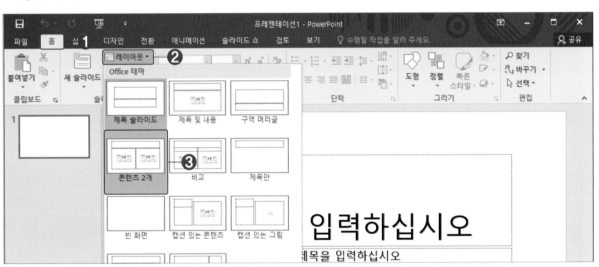

② 슬라이드 레이아웃이 변경되면 **제목과 내용을 입력**합니다.

탄생석

- 1월 : 가넷
- 2월 : 자수정
- 3월 : 아쿠아마린
- 4월 : 다이아몬드
- 5월 : 에메랄드
- 6월 : 진주

- 7월 : 루비
- 8월 : 페리도트
- 9월 : 사파이어
- 10월 : 오팔
- 11월 : 토파즈
- 12월 : 터키석

① 디자인 테마를 적용하기 위해 [디자인] 탭-[테마] 그룹에서 ▤**[자세히]를 클릭**합니다. 그런다음
테마 목록이 표시되면 🔳 **[배지]를 클릭**합니다.

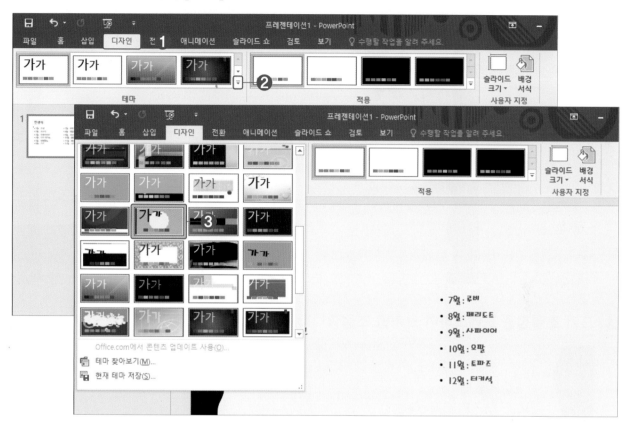

② **제목 텍스트 상자를 선택**한 후 [그리기 도구] 정황 탭-[서식] 탭-[도형 스타일] 그룹에서 **[도형
채우기]를 클릭**한 다음 **[노랑]을 클릭**합니다.

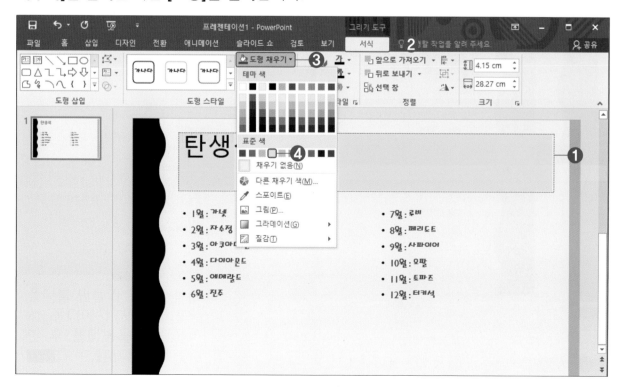

③ [홈] 탭-[글꼴] 그룹에서 **글꼴(휴먼아미체), 글꼴 크기(60), 속성(ゕ [굵게], ゕ [기울임], S [텍스트 그림자])을 지정**한 후 [단락] 그룹에서 ▦▾**[텍스트 맞춤]을 클릭**한 다음 **[중간]을 클릭**합니다.

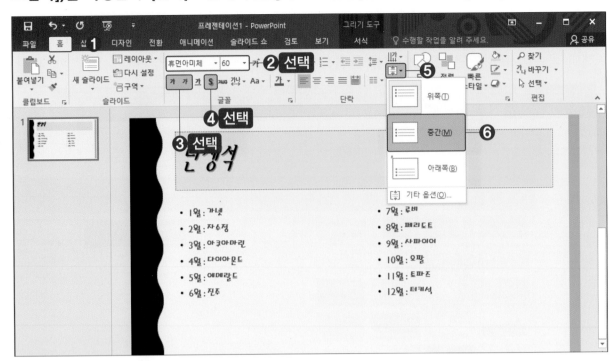

④ **크기 조절점을 드래그하여 크기를 조절**합니다.

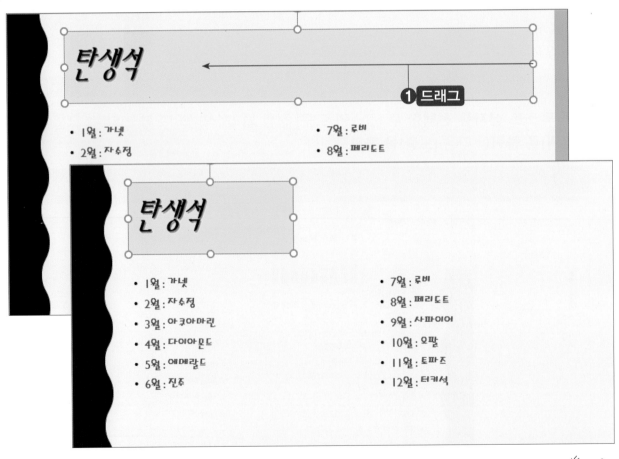

Tip

텍스트 상자를 선택한 상태에서 ⬉, ⬈, ↔, ↕ 모양이면 크기 조절을, ✥ 모양이면 이동을 할 수 있습니다.

⑤ **왼쪽 텍스트 상자를 선택**한 후 `Shift`를 누른 상태에서 **오른쪽 텍스트 상자를 선택**합니다. 그런다음 [홈] 탭-[글꼴] 그룹에서 **글꼴(HY그래픽M)과 글꼴 크기(28)을 지정**합니다.

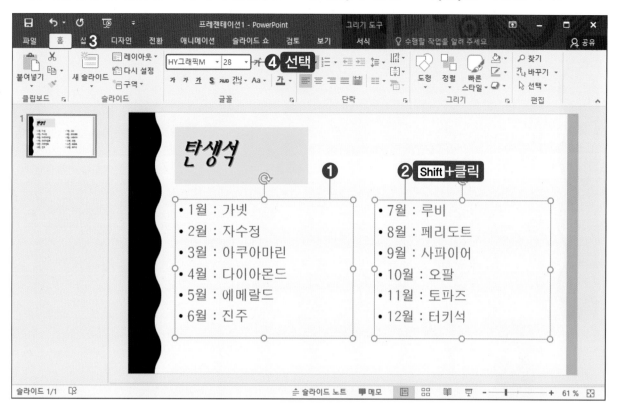

⑥ 텍스트 상자가 선택된 상태에서 [그리기 도구] 정황 탭-[서식] 탭-[도형 스타일] 그룹에서 **[도형 채우기]를 클릭**한 후 **[빨강, 강조 5, 60% 더 밝게]를 클릭**합니다.

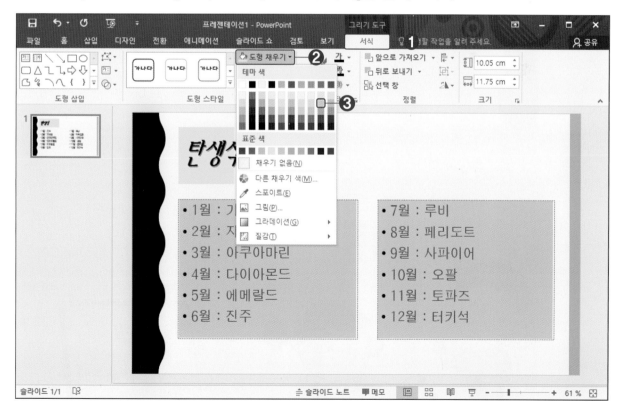

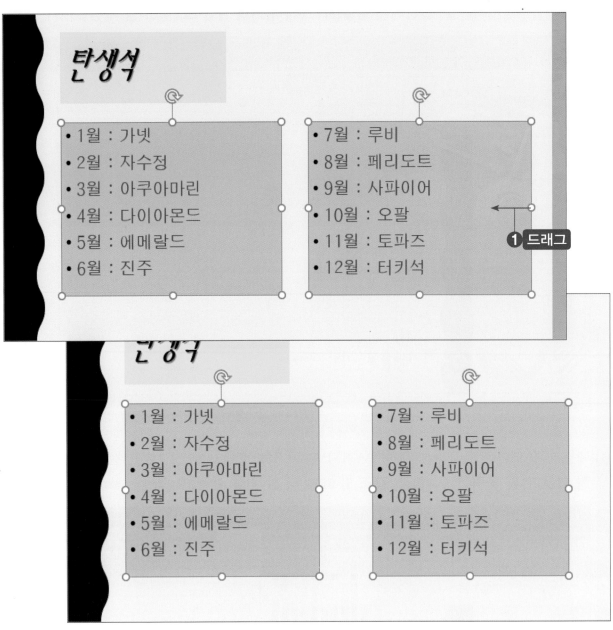

1 다음과 같이 슬라이드를 작성한 후 "꼭 보고 싶어요"로 저장해 보세요.

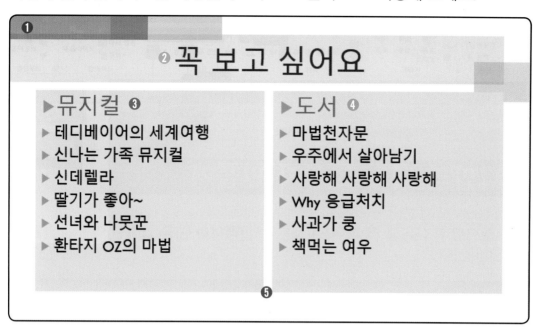

❶ 테마 : 메모 테마   ❷ 제목 : 54pt   ❸ 뮤지컬 : 40pt, 빨강
❹ 도서 : 40pt, 파랑   ❺ 도형 채우기 : 자주, 강조 4, 80% 더 밝게

2 다음과 같이 슬라이드를 작성한 후 "알뜰 경제 교실"로 저장해 보세요.

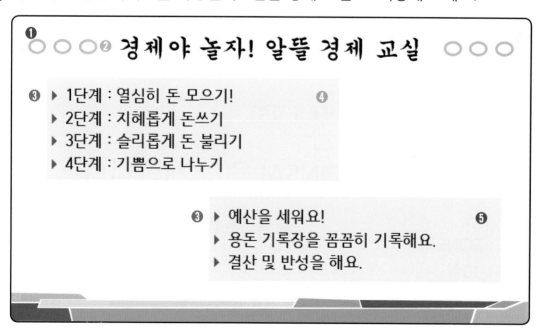

❶ 테마 : 교육 테마   ❷ 제목 : 궁서, 44pt   ❸ 본문 : 함초롬돋움, 28pt
❹ 도형 채우기 : 옥색, 강조 3, 80% 더 밝게   ❺ 도형 채우기 : 황금색, 강조 4, 80% 더 밝게

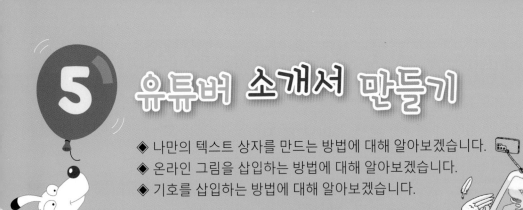

5 유튜버 소개서 만들기

◆ 나만의 텍스트 상자를 만드는 방법에 대해 알아보겠습니다.
◆ 온라인 그림을 삽입하는 방법에 대해 알아보겠습니다.
◆ 기호를 삽입하는 방법에 대해 알아보겠습니다.

META 나만의 텍스트 상자 만들기

① 파워포인트를 실행한 후 [홈] 탭-[슬라이드] 그룹에서 **[레이아웃]을 클릭**한 다음 ▭**[콘텐츠 2 개]를 클릭**합니다.

② 슬라이드 레이아웃이 변경되면 **제목과 내용을 입력**합니다.

❶ 예비 유튜버 SONSAL을 소개합니다.

• 텍스트를 입력하십시오

❷ • 이름 : SONSAL
• 나이 : 10살
• 별명 : 애늙은이
• 성격 : 평소에는 내성적이나 무엇이든 한번 마음을 먹으면 끝까지 해내는 끈기가 있음
• 좋아하는 것 : 나무, 친구, 우주, 외계인

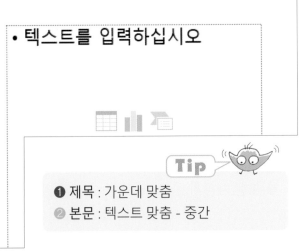

Tip
❶ 제목 : 가운데 맞춤
❷ 본문 : 텍스트 맞춤 - 중간

③ **제목 텍스트 상자를 선택**한 후 [그리기 도구] 정황 탭-[서식] 탭-[도형 스타일] 그룹에서 **[도형 채우기]를 클릭**한 다음 **[주황, 강조 2, 40% 더 밝게]를 클릭**합니다.

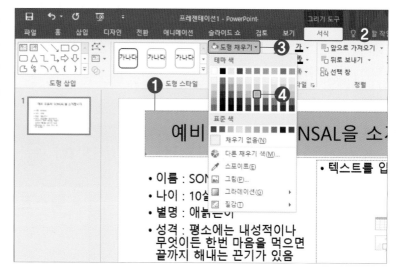

④ 제목 텍스트 상자에 입체 효과를 지정하기 위해 [그리기 도구] 정황 탭-[서식] 탭-[도형 스타일] 그룹에서 **[도형 효과]를 클릭**한 후 **[입체 효과]-[각지게]를 클릭**합니다.

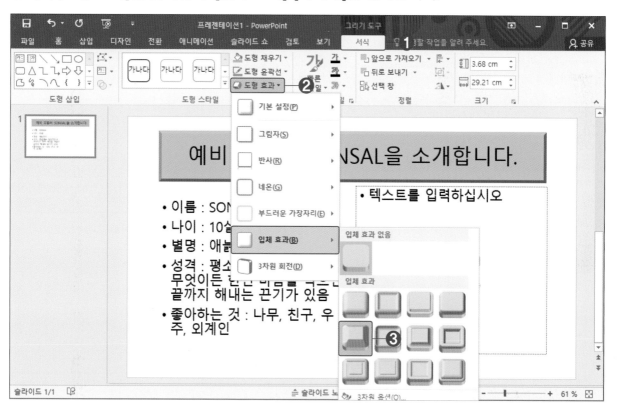

⑤ 같은 방법으로 **내용 텍스트 상자를 선택**한 후 **도형 채우기와 도형 효과를 지정**합니다.

• 도형 채우기 : 파랑, 강조 1, 60% 더 밝게
• 도형 효과 : 디벗

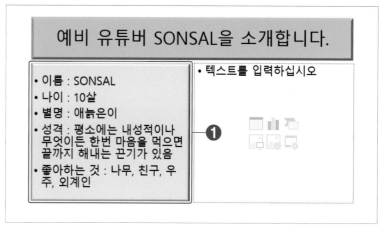

META 온라인 그림 삽입하기

① 온라인 그림을 삽입하기 위해 오른쪽 텍스트 상자의 🖼[온라인 그림]을 클릭합니다.

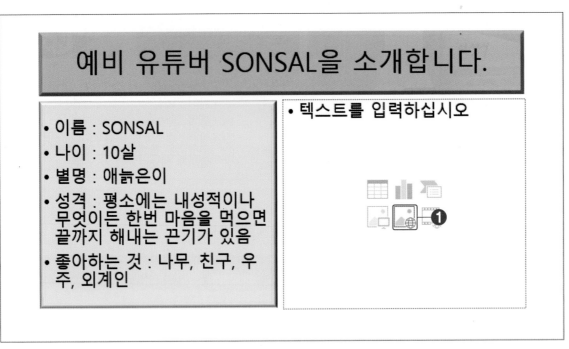

② [그림 삽입] 대화상자가 표시되면 [Bing 이미지 검색]을 클릭합니다.

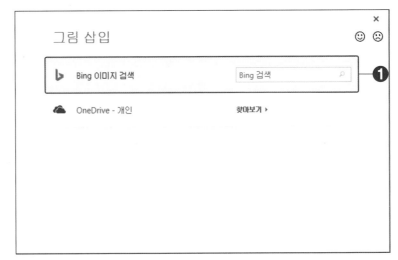

③ "유튜버"를 검색합니다.

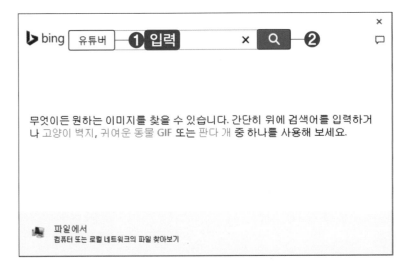

④ 검색 결과가 표시되면 **원하는 이미지를 선택**한 후 **[삽입] 단추를 클릭**합니다.

⑤ 다음과 같이 선택한 이미지가 텍스트 상자에 표시됩니다.

META 재미있는 기호로 꾸미기

① **기호를 삽입할 위치(나무)에 커서를 위치**한 후 [삽입] 탭에서 **[기호]-[기호]를 클릭**합니다.

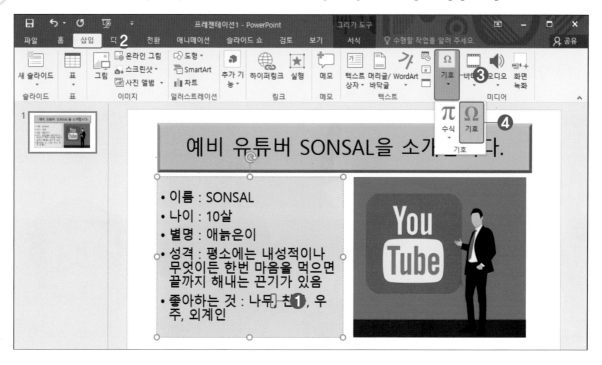

② [기호] 대화상자가 표시되면 **글꼴 (Webdings)을 선택**한 후 **삽입할 기호를 클릭**한 다음 **[삽입] 단추를 클릭**합니다. 그런다음 **[닫기] 단추를 클릭**합니다.

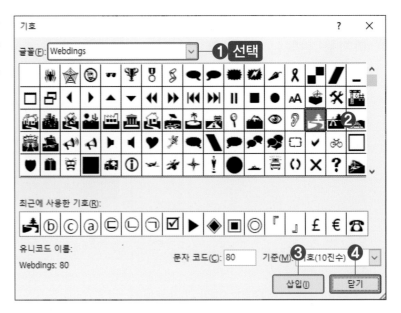

③ 같은 방법으로 좋아하는 것에 해당하는 **친구, 우주, 외계인과 어울리는 기호를 삽입**해 보세요.

1 다음과 같이 슬라이드를 작성한 후 "교통안전"으로 저장해 보세요.

❶ 테마 : 주요 이벤트 ❷ 제목 : 60pt ❸ 본문 : 28pt ❹ 온라인 그림 : 교통안전

2 다음과 같이 슬라이드를 작성한 후 "호랑이"로 저장해 보세요.

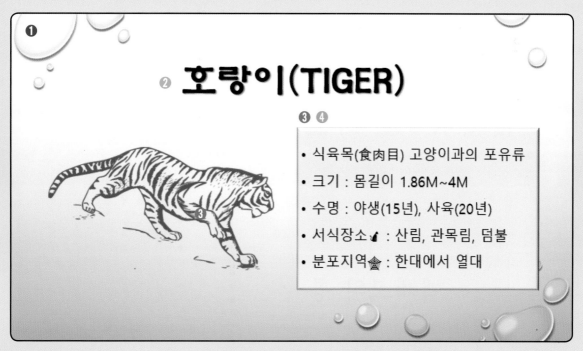

❶ 테마 : 물방울 ❷ 제목 : 휴먼옛체, 60pt, 텍스트 그림자
❸ 도형 채우기 : [연보라, 강조 6, 80% 더 밝게] ❹ 도형 효과 : 둥글게

6 요리 쿡! 조리 쿡!

◆ 글머리 기호 및 번호를 매기는 방법을 알아보겠습니다.
◆ 그림을 삽입하는 방법에 대해 알아보겠습니다.

META 글머리 기호 및 번호 매기기

① 파워포인트를 실행한 후 [홈] 탭-[슬라이드] 그룹에서 **[레이아웃]을 클릭**한 다음 ▦▦**[콘텐츠 2개]를 클릭**합니다. 그런다음 **내용을 입력**합니다.

Tip

❶ 제목 : 궁서, 54pt
❷ 소제목 : 돋움, 24pt, 굵게
❸ 본문 : 돋움, 24pt

❶ **백셰프의 콩 요리비책**

❷ • 만들기
❸ • 검정콩은 물에 씻어 물 1컵을 붓고 10분 정도 끓인다.
• 콩에서 비린내가 안 나면 물을 따라낸 다음 간장과 설탕을 4큰술씩 넣고 물을 4큰술 정도만 넣어서 중불에서 냄비 뚜껑을 연 채 25분 정도 조린다.
• 간장물이 자작해지고 윤기가 나면 불을 끄고 깨소금을 넣어 고루 섞는다.

• 텍스트를 입력

② **"만들기" 앞에 커서를 위치**한 후 [홈] 탭-[단락] 그룹에서 ☲ ▾**[글머리 기호]의** ▾**[목록] 단추를 클릭**한 다음 **[글머리 기호 및 번호 매기기]를 클릭**합니다.

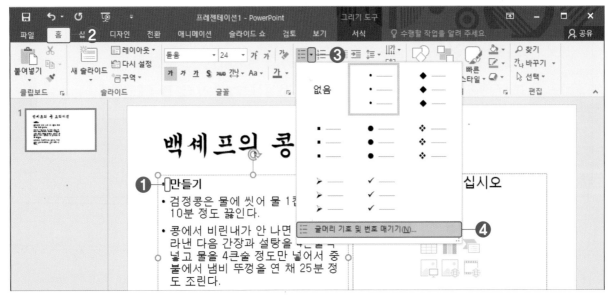

③ [글머리 기호 및 번호 매기기] 대화 상자가 표시되면 [글머리 기호] 탭에서 **[별표 글머리 기호]를 클릭**한 후 **[확인] 단추를 클릭**합니다.

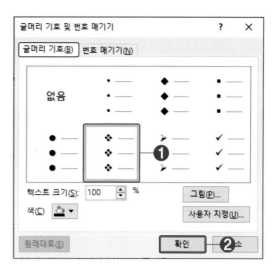

④ 다음과 같이 "만들기" 앞의 글머리 기호가 변경됩니다.

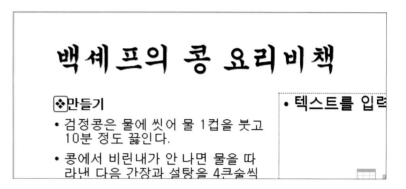

⑤ **만들기 내용을 드래그하여 블록으로 지정**한 후 [홈] 탭-[단락] 그룹에서 [번호 매기기]의 [목록] 단추를 클릭한 다음 [원 숫자]를 클릭합니다.

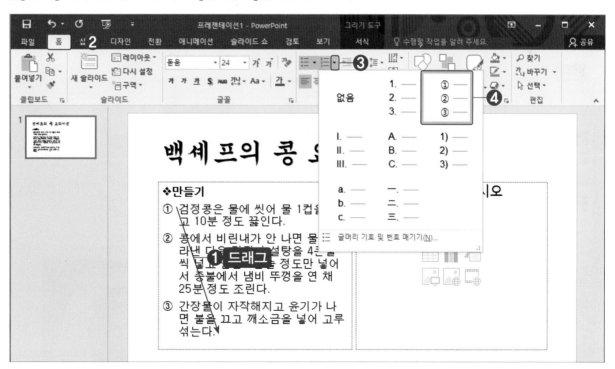

글머리 기호 및 번호 매기기를 이용하면 목록을 보기 좋게 정리할 수 있을 뿐만 아니라 간편하게 번호를 매겨 순서를 지정해 줄 수 있습니다.

① 그림을 삽입하기 위해 텍스트 상자의 🖼[그림]을 클릭합니다.

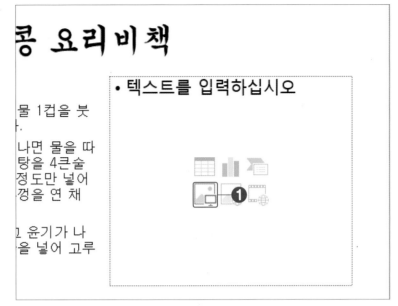

② [그림 삽입] 대화상자가 표시되면 **찾는 위치((메타북스) 파포짱 2016)를 지정**한 후 **파일 이름(콩자반)을 선택**한 다음 **[삽입] 단추를 클릭**합니다.

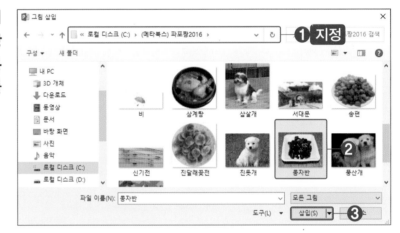

③ 그림이 삽입되면 **크기조절점을 드래그하여 크기를 조절**합니다.

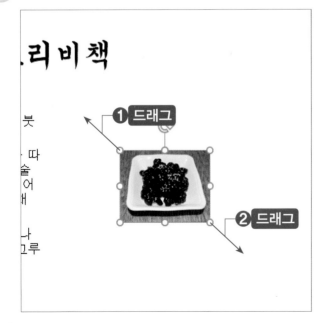

① 디자인 테마를 적용하기 위해 [디자인] 탭-[테마] 그룹에서 ▼**[자세히]를 클릭**합니다. 그런다음 테마 목록이 표시되면 ▨**[자연 테마]를 클릭**합니다.

② 그림 스타일을 지정하기 위해 [그림 도구] 정황 탭-[서식] 탭-[도형 스타일] 그룹에서 ▼**[자세히]를 클릭**합니다. 그런다음 그림 스타일 목록이 표시되면 ▨**[회전, 흰색]을 클릭**합니다.

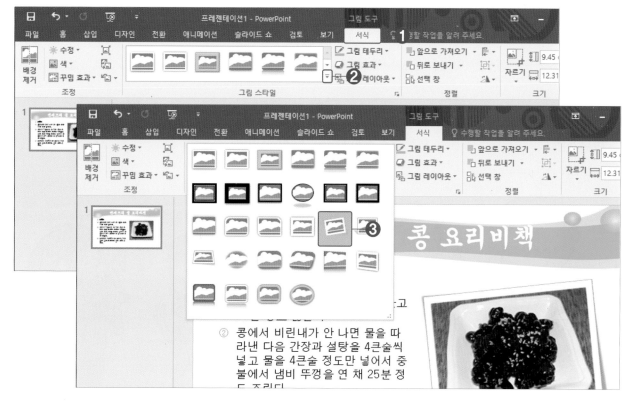

41

③ 다음과 같이 그림에 그림 스타일이 적용됩니다.

◎ [그림 도구] 정황 탭-[서식] 탭-[조정] 그룹 알아보기

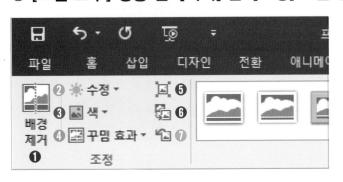

❶ 배경 제거 : 원하지 않는 그림을 제거합니다.
❷ 수정 : 그림의 밝기 및 대비, 선명도 등을 조정합니다.
❸ 색 : 색 채도, 색조, 다시 칠하기 및 특정 색을 투명한 색으로 설정합니다.
❹ 꾸밈 효과 : 그림에 다양한 효과를 선택하여 설정합니다.

❺ 그림 압축 : 문서에서 그림을 축소하여 크기를 줄입니다.
❻ 그림 바꾸기 : 선택한 그림을 다른 그림을 바꿀 수 있습니다.
❼ 그림 원래대로 : 그림에 대해 변경한 서식을 모두 취소합니다.

1 다음과 같이 슬라이드를 작성한 후 "김치의 종류"로 저장해 보세요.

❶ 테마 : 메모 테마   ❷ 다시 칠하기 : [빨강, 밝은 강조색 2], 입체 효과 : 리블렛   ❸ 그림 스타일 : [회전, 흰색]

2 다음과 같이 슬라이드를 작성한 후 "최무선의 신기전"으로 저장해 보세요.

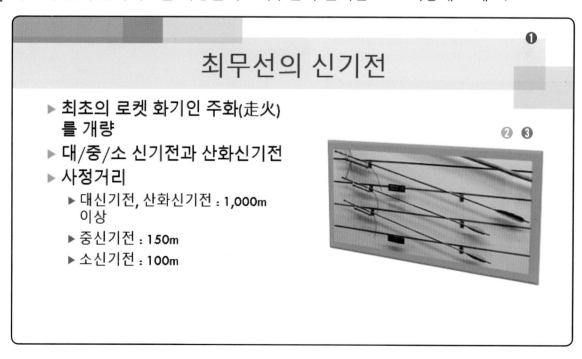

❶ 테마 : 심플 테마   ❷ 그림 스타일 : [원근감(왼쪽), 흰색]
❸ 그림 테두리 : [주황, 강조 6]

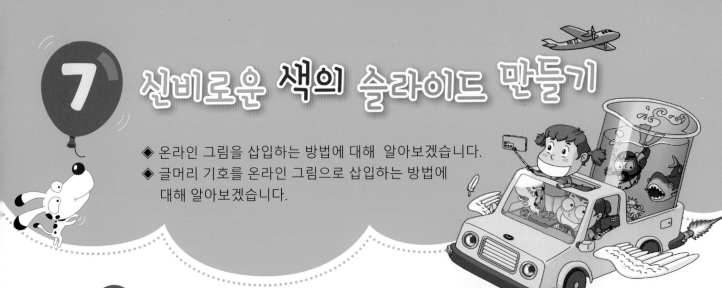

7 신비로운 색의 슬라이드 만들기

◆ 온라인 그림을 삽입하는 방법에 대해 알아보겠습니다.
◆ 글머리 기호를 온라인 그림으로 삽입하는 방법에 대해 알아보겠습니다.

META 온라인 그림 삽입하기

① 파워포인트를 실행한 후 ☐☐[제목 및 세로 텍스트] 레이아웃을 지정한 다음 내용을 입력합니다.

> ❶ 공룡의 멸종설
>
> ❷ 운석 충돌설
> 해수면 저하설
> 기후 변동설
> 거대 풀룸설
> 종합설
> 유전적인 문제

❶ 글꼴 크기(54pt), 가운데 맞춤   ❷ 글꼴 크기(36pt)

② 세로 텍스트 상자를 선택한 후 Ctrl을 누른 상태에서 크기 조절점을 드래그하여 크기를 조절합니다.

Ctrl을 누른 상태에서 텍스트 상자의 크기 조절점을 드래그하면 좌/우 또는 상/하가 함께 조절됩니다.

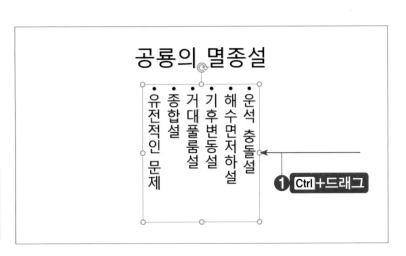

공룡의 멸종설

운석 충돌설
해수면 저하설
기후 변동설
거대 풀룸설
종합설
유전적인 문제

❶ Ctrl+드래그

③ 온라인 그림을 삽입하기 위해 [삽입] 탭-[이미지] 그룹에서 **[온라인 그림]을 클릭**합니다.

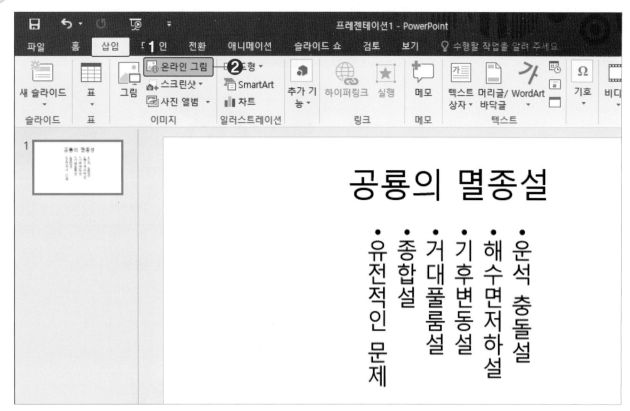

④ [그림 삽입] 대화상자가 표시되면
[Bing 이미지 검색]을 클릭합니다.

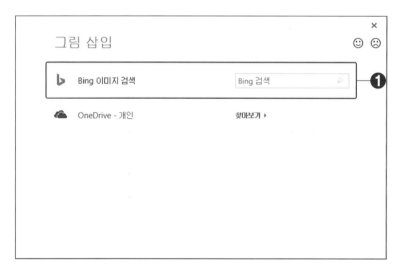

⑤ **"공룡"을 검색**합니다.

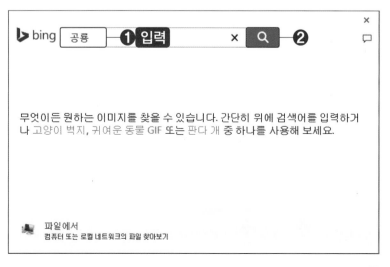

⑥ 검색 결과가 표시되면 **원하는 이미지를 선택**한 후 **[삽입] 단추를 클릭**합니다.

Tip

온라인 그림에 교재와 동일한 그림 없을 경우 임의의 그림을 삽입합니다.

⑦ 공룡이 삽입되면 **크기조절점을 드래그하여 크기를 조절**한 후 **위치를 이동**합니다.

⑧ 같은 방법으로 **나머지 공룡을 삽입하고 배치**합니다.

① 세로 텍스트 상자의 내용을 드래그하여 블록으로 설정한 후 [홈] 탭-[단락] 그룹에서 **[글머리 기호]**의 ⌄**[목록]** 단추를 클릭한 다음 **[글머리 기호 및 번호 매기기]**를 클릭합니다.

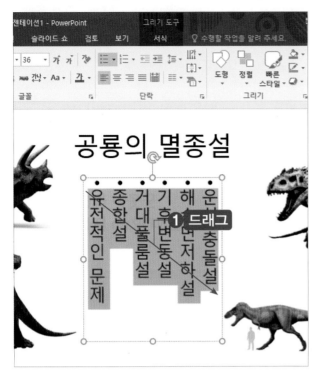

② [글머리 기호 및 번호 매기기] 대화 상자가 표시되면 [글머리 기호] 탭에서 **[그림] 단추를 클릭**합니다.

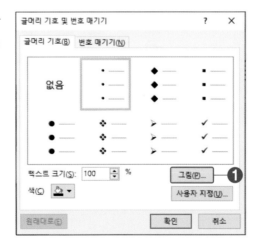

③ [그림 삽입] 대화상자가 표시되면 **[Bing 이미지 검색]**을 클릭합니다. 그런다음 **"모양"을 검색**합니다.

④ 검색 결과가 표시되면 **원하는 이미지를 선택**한 후 **[삽입] 단추를 클릭**합니다.

⑤ 다음과 같이 글머리 기호가 그림으로 변경됩니다.

공룡의 멸종설

유전적인 문제
종합설
거대품름설
기후변동설
해수면저하설
운석 충돌설

공룡에 대한 문제를 내볼까?

가장 빠른 공룡은?

공룡에 대해 잘 모르지만 도전~~

???

정답 갈리미무스(Gallimimus)

닭을 닮은 공룡으로 시속 50~60Km를 달림

이제는 다 풀 수 있다 ♥♥

1 다음과 같이 슬라이드를 작성한 후 "크리스마스 캐럴"로 저장해 보세요.

❶ 제목 : HY헤드라인M, 54pt, 가운데 맞춤 ❷ 본문 : 휴먼매직체, 36pt ❸ 온라인 그림 : 산타, 선물, 트리, 루돌프

2 다음과 같이 슬라이드를 작성한 후 "돌레돌레 흙창고"로 저장해 보세요.

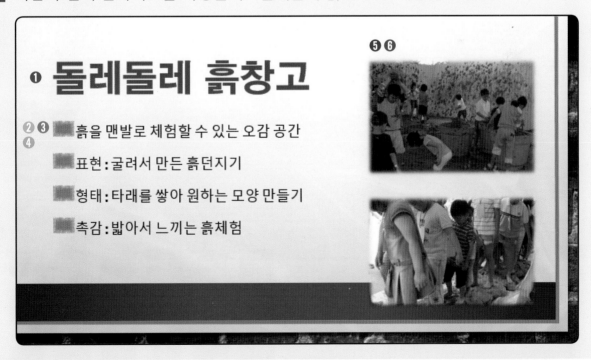

❶ 테마 : 주요 이벤트   ❷ 제목 : HY견고딕, 60pt   ❸ 본문 : 24pt, 줄간격(1.5)
❹ 글머리 기호 : 온라인 그림(황토)   ❺ 그림 : 돌레돌레 흙창고-1, 돌레돌레 흙창고-2
❻ 그림 스타일 : 부드러운 가장자리 직사각형

① 파워포인트를 실행한 후 [삽입] 탭-[이미지] 그룹에서 [사진 앨범]을 클릭합니다.

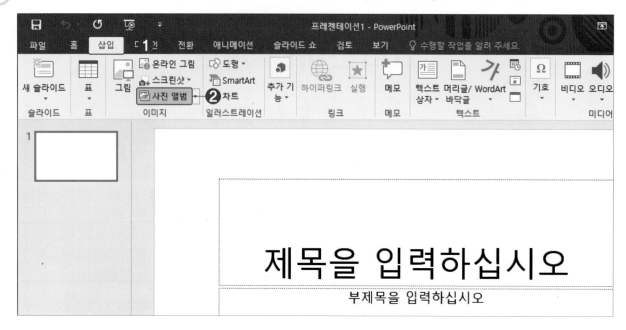

② [사진 앨범] 대화상자가 표시되면 그림을 삽입하기 위해 [파일/디스크] 단추를 클릭합니다.

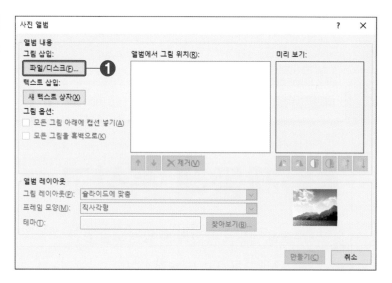

③ [새 그림 삽입] 대화상자가 표시되면 찾는 위치((메타북스) 파포짱 2016\image)를 지정한 후 Ctrl+A 를 눌러 이미지를 모두 선택한 다음 [삽입] 단추를 클릭합니다.

④ [사진 앨범] 대화상자가 표시되면 [앨범에서 그림 위치]와 [미리보기]가 표시됩니다.

> [앨범에서 그림 위치] 항목에 있는 그림을 선택한 후 ⬆[위로 화살표] 또는 ⬇[아래로 화살표]를 이용하여 위치를 조정하거나 [제거] 단추를 클릭하여 필요 없는 이미지를 삭제합니다.

⑤ [앨범 레이아웃] 항목의 그림 레이아웃(그림 4개)를 선택한 후 프레임 모양(모서리가 둥근 직사각형)을 선택한 다음 [찾아보기] 단추를 클릭합니다.

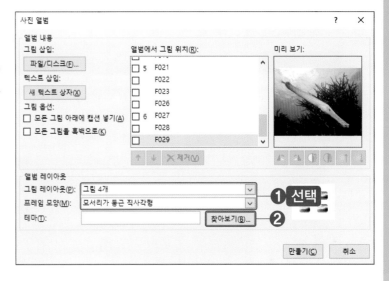

⑥ [테마 선택] 대화상자가 표시되면 Slice(슬라이스) 테마를 선택한 후 [선택] 단추를 클릭합니다.

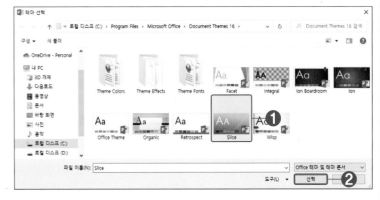

> • Facet : 패싯
> • Integral : 전체
> • Ion Boardroom : 이온(회의실)
> • Ion : 이온
> • Office Theme : Office 테마
> • Organic : 자연주의
> • Retrospect : 추억
> • Slice : 슬라이스
> • Wisp : 줄기

08 다빈치도 못 푸는 문제를 내가 풀어보자~

⑦ [사진 앨범] 대화상자가 다시 표시되면 [만들기] 단추를 클릭합니다.

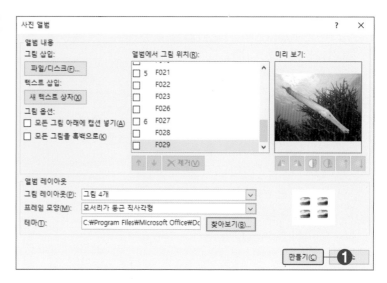

⑧ 다음과 같이 사진 앨범이 만들어집니다.

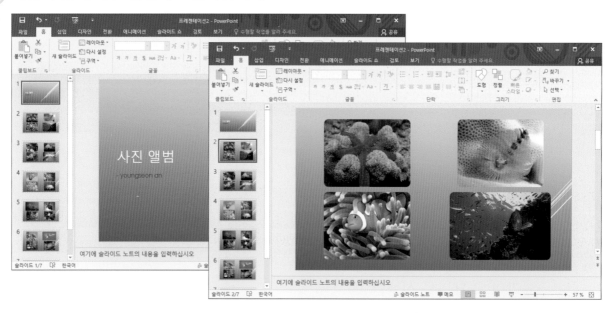

지식백과!

◎ 레오나르도 디세르 피에로 다 빈치(Leonardo di ser Piero da Vinci)

이탈리아 르네상스 시대의 화가, 조각가, 발명가, 건축가, 과학자, 음악가, 공학자, 문학가, 해부학자, 지질학자, 천문학자, 식물학자, 역사가, 지리학자, 도시계획가, 집필가, 기술자, 요리사, 수학자, 의사 등 다방면에서 활약한 다재다능한 천재이며, 다방면에서 두루 활약했던 르네상스 시기 인재의 대표적 인물상으로 평가받는 인물이다. 심지어 키도 매우 크고 외모, 목소리도 매우 빼어났다고 한다. 특히 걸출한 회화 작품들을 남겼으며, 대표작 <모나리자>, <최후의 만찬>은 세계적으로 유명하다.

Powerpoint 2016

파포짱

PART 02

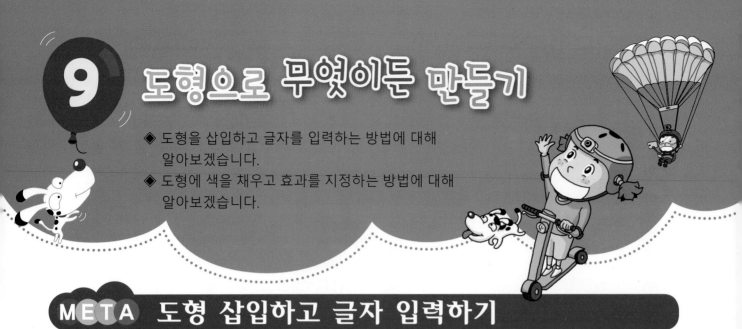

9 도형으로 무엇이든 만들기

◆ 도형을 삽입하고 글자를 입력하는 방법에 대해 알아보겠습니다.
◆ 도형에 색을 채우고 효과를 지정하는 방법에 대해 알아보겠습니다.

META 도형 삽입하고 글자 입력하기

① 파워포인트를 실행한 후 [빈 화면] 레이아웃을 지정한 다음 [삽입] 탭-[일러스트레이션] 그룹에서 [도형]을 클릭하고 [위쪽 리본]을 클릭합니다.

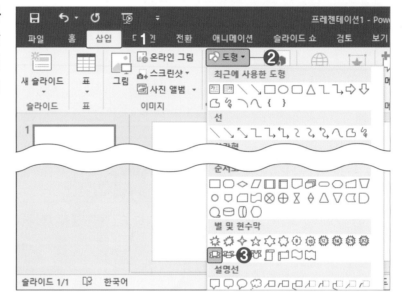

② 마우스 포인터 모양이 + 모양으로 변경되면 드래그하여 도형을 작성합니다.

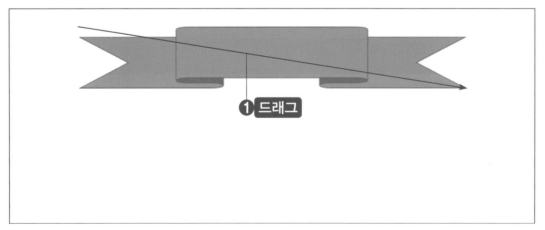

①드래그

Tip

• Ctrl+드래그 : 클릭한 위치를 중심으로 도형이 작성됩니다.
• Shift+드래그 : 가로, 세로 비율대로 도형이 작성됩니다.

③ **노란색 모양 조절점을 드래그**하여 리본의 모양을 변경합니다.

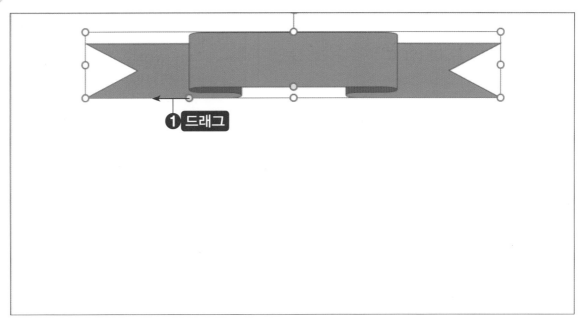

8개의 크기 조절점 외에 노란색으로 된 모양 조절점을 이용하면 도형의 모양을 임의로 변경할 수 있습니다.

④ 도형이 선택된 상태에서 **제목(컴퓨터의 구성)을 입력**한 후 **드래그하여 블록으로 설정**한 다음 [홈] 탭-[글꼴] 그룹에서 **글꼴(HY견고딕)과 글꼴 크기(54), 글꼴 색(노랑)을 지정**합니다.

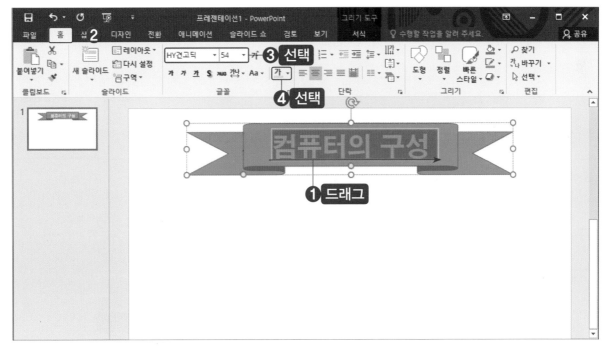

도형에 텍스트 입력하기
• **방법1** : 도형을 선택한 후 바로 도형에 텍스트를 입력합니다.
• **방법2** : 도형의 바로가기 메뉴에서 [텍스트 편집]을 클릭한 후 도형에 텍스트를 입력합니다.

⑤ 같은 방법으로 나머지 **도형을 작성**한 후 **글꼴(휴먼매직체)과 글꼴 크기(32), 글꼴 색(검정, 텍스트 1)을 지정**합니다.

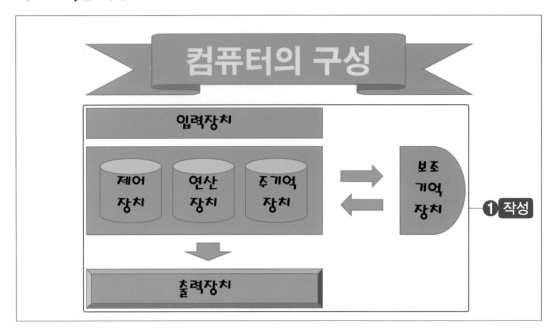

도형 위에 도형이 배치된 경우 아래쪽 도형을 먼저 작성한 후 위쪽 도형을 작성합니다.

알아두면 꿀팁!

◎ **도형 선택 및 복사/이동**

도형을 복사 또는 이동할 경우에는 Ctrl 또는 Shift를 이용합니다.

 복사

• 이동

Shift를 누른 상태에서 드래그하면 수직, 수평으로 이동합니다.

• 여러개의 도형 선택 : Ctrl 또는 Shift를 누른 상태에서 도형을 클릭합니다.

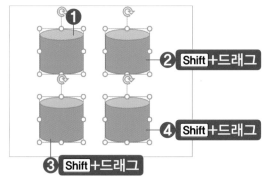

① **제목 도형을 선택**한 후 [그리기 도구] 정황 탭-[서식] 탭-[도형 스타일] 그룹에서 **[도형 채우기]**
를 클릭한 다음 **[녹색, 강조 6]**을 클릭합니다.

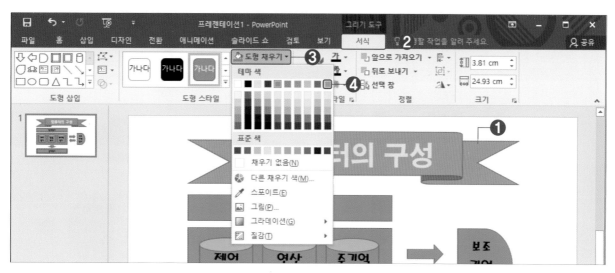

② 같은 방법으로 **각각의 도형을 선택**한 후 **도형에 임의의 색을 지정**하여 도형을 예쁘게 색칠합니다.

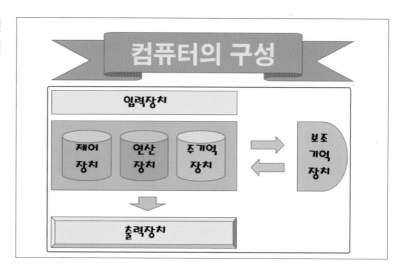

③ **제목 도형을 선택**한 후 [그리기 도구] 정황 탭-[서식] 탭-[도형 스타일] 그룹에서 **[도형 효과]를**
클릭한 다음 [그림자]-**[오프셋 대각선 오른쪽 아래]**를 클릭합니다.

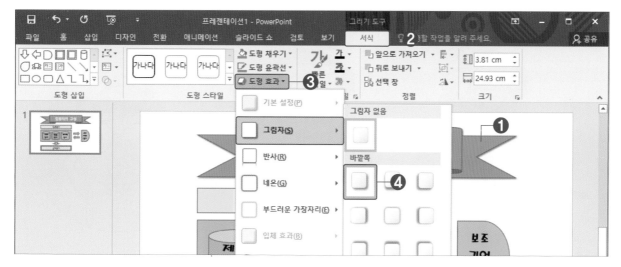

④ **"보조기억장치" 도형을 선택**한 후 [그리기 도구] 정황 탭-[서식] 탭-[도형 스타일] 그룹에서 □**[자 세히]를 클릭**한 다음 도형 스타일 목록이 표시되면 **[강한 효과 - 주황, 강조 2]을 클릭**합니다.

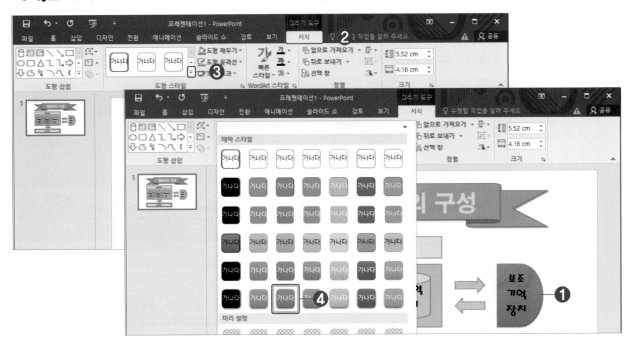

⑤ 같은 방법으로 **나머지 도형에 효 과를 지정**합니다.

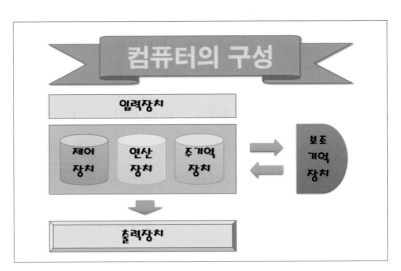

 **팁이 들더라도 풀어봅시다**

1 다음과 같이 슬라이드를 작성한 후 "유입 컨텐츠의 역활"로 저장해 보세요.

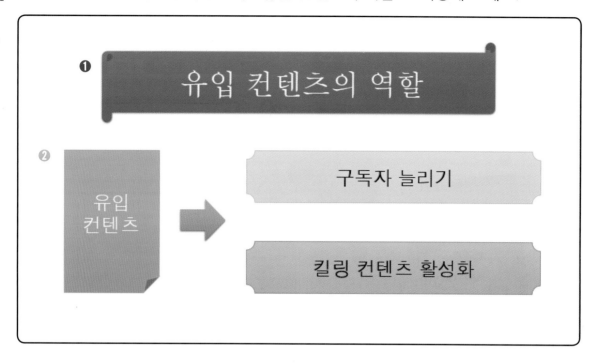

❶ 제목 : 바탕, 48pt ❷ 본문 : 돋움, 32pt, 도형 스타일 지정

2 다음과 같이 슬라이드를 작성한 후 "구독 활성화"로 저장해 보세요.

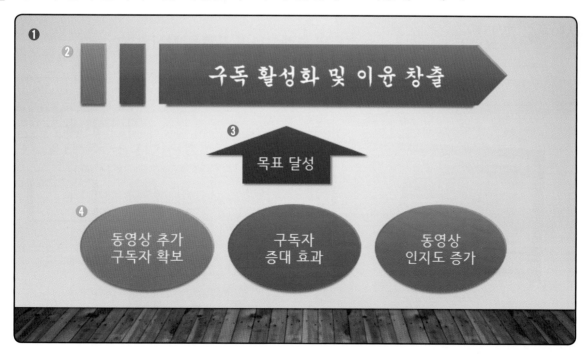

❶ 테마 : 갤러리 ❷ 제목 : 궁서, 36pt / 본문 : 함초롬돋움, 24pt
❸ [그림자]-[오프셋 대각선 오른쪽 아래] ❹ [그림자]-[원근감 대각선 오른쪽 위]

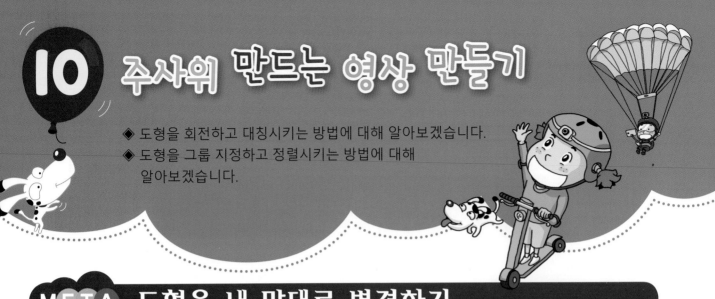

10 주사위 만드는 영상 만들기

◆ 도형을 회전하고 대칭시키는 방법에 대해 알아보겠습니다.
◆ 도형을 그룹 지정하고 정렬시키는 방법에 대해 알아보겠습니다.

META 도형을 내 맘대로 변경하기

① 파워포인트를 실행한 후 **[빈 화면] 레이아웃을 지정**한 다음 [삽입] 탭-[일러스트레이션] 그룹에서 **[도형]을 클릭**하고 □**[직사각형]을 클릭**합니다.

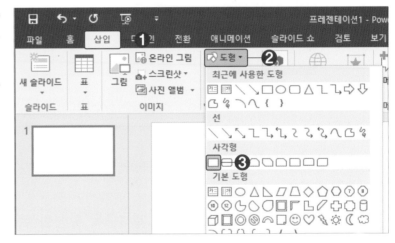

② 마우스 포인터 모양이 + 모양으로 변경되면 **드래그하여 도형을 작성**합니다.

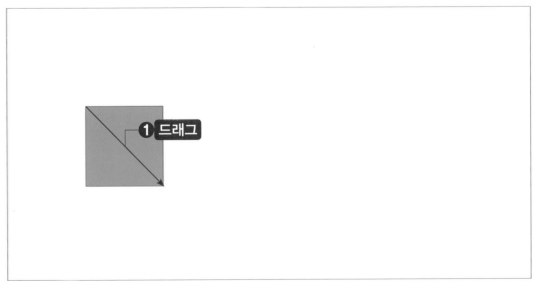

[Shift]를 누른 상태에서 선, 직사각형, 타원을 그리면 직선, 정사각형, 정원이 그려지고, [Ctrl]을 누른 상태에서 도형을 그리면 도형을 그리기 시작한 위치가 도형의 중심이 됩니다.

③ 도형을 복사하기 위해 [Ctrl]+[Shift]를 누른 상태에서 드래그하여 도형을 복사합니다.
그런다음 같은 방법으로 주사위 모양으로 도형을 복사합니다.

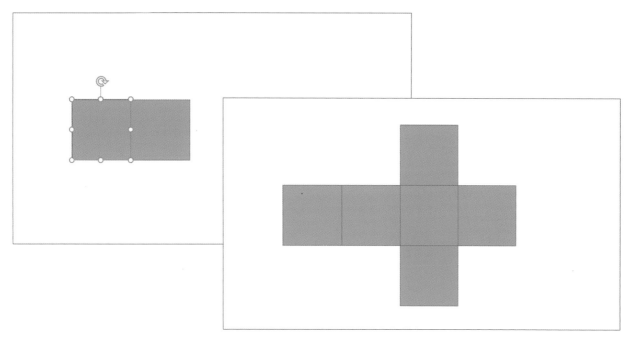

④ 풀칠할 부분을 작성하기 위해 [삽입] 탭-[일러스트레이션] 그룹에서 [도형]을 클릭한 후 △[사다리꼴]을 클릭합니다.

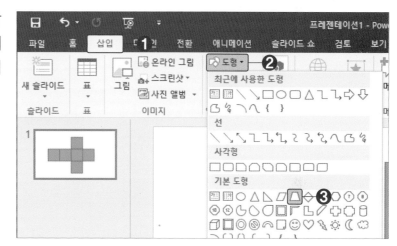

⑤ 마우스 포인터 모양이 + 모양으로 변경되면 드래그하여 도형을 작성합니다.

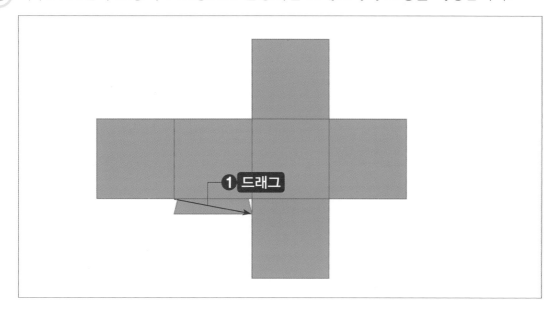

⑥ 도형을 대칭하기 위해 [그리기 도구] 정황 탭-[서식] 탭-[정렬] 그룹에서 **[회전]을 클릭**한 후 **[상하 대칭]을 클릭**합니다.

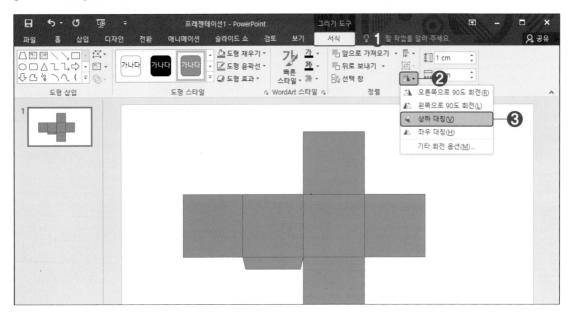

⑦ **Ctrl을 누른 상태에서 드래그하여 사다리꼴 도형을 복사**합니다.

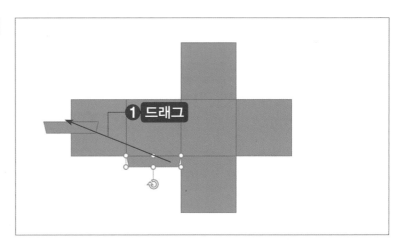

⑧ [그리기 도구] 정황 탭-[서식] 탭-[정렬] 그룹에서 **[회전]을 클릭**한 후 **[오른쪽으로 90도 회전]을 클릭**합니다. 그런다음 **위치를 조절**합니다.

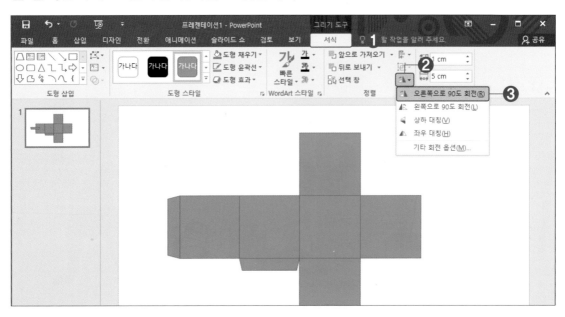

9 같은 방법으로 **나머지 도형을 작**
성합니다.

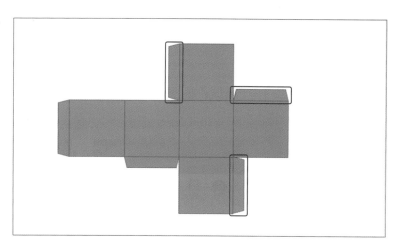

META 예쁘게 꾸미고 주사위 완성하기

1 도형 스타일을 지정할 **도형을 선택**한 후 [그리기 도구] 정황 탭-[서식] 탭-[도형 스타일] 그룹에
서 □**[자세히]를 클릭**한 다음 **[미세 효과 - 주황, 강조 2]를 클릭**합니다.

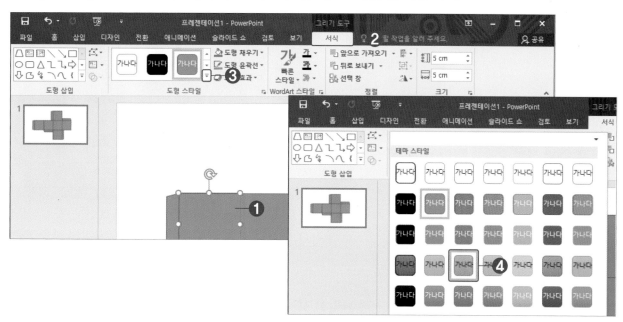

2 같은 방법으로 **각각의 도형을 선**
택한 후 **도형에 임의의 도형 스타**
일을 지정하여 도형을 예쁘게 색
칠합니다.

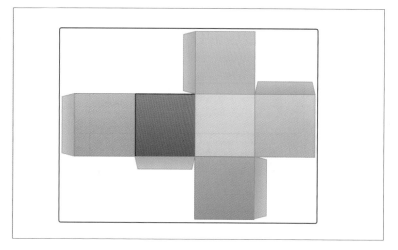

③ 주사위에 꼭 필요한 **숫자도 도형을 이용하여 작성**한 후 **숫자 도형의 색상을 지정**합니다.

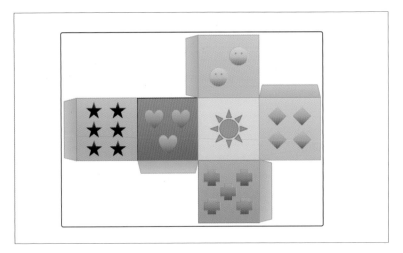

④ 도형을 그룹으로 지정하기 위해 **전체를 드래그하여 블록으로 설정**한 후 **바로가기 메뉴의 [그룹화]-[그룹]을 클릭**합니다.

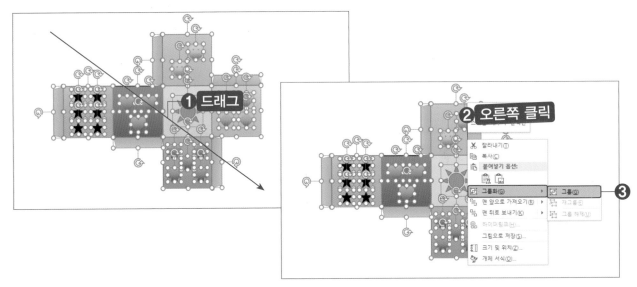

1 다음과 같이 슬라이드를 작성한 후 "공룡"으로 저장해 보세요.

❶ 제목 : HY견고딕, 36pt, 텍스트 그림자   ❷ 목차 번호 : HY견고딕, 32pt   ❸ 목차 : 돋움, 28pt

2 다음과 같이 슬라이드를 작성한 후 "Wash Your Hands"로 저장해 보세요.

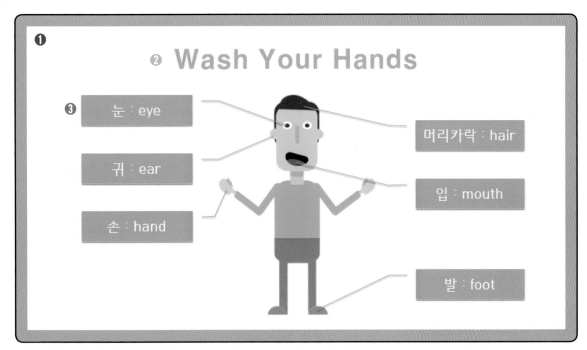

❶ 테마 : 기본 테마   ❷ 제목 : HY견고딕, 44pt
❸ 본문 : 함초롬돋움, 24pt, 도형 스타일 : [보통 효과 - 주황, 강조 3]

멋진 제목의 진수

◆ 워드아트(WordArt)를 삽입하는 방법에 대해 알아보겠습니다.
◆ 삽입된 워드아트(WordArt)를 편집하는 방법에 대해 알아보겠습니다.

META 워드아트(WordArt)로 제목 꾸미기

① 파워포인트를 실행한 후 **[빈 화면] 레이아웃을 지정**합니다.

② [삽입] 탭-[텍스트] 그룹에서 **[WordArt]를 클릭**한 후 A**[채우기 - 파랑, 강조 1, 윤곽선 - 배경 1, 진한 그림자 - 강조 1]을 클릭**합니다.

③ 워드아트(WordArt)가 삽입되면 **텍스트(EXPO 2026 YEOSU KOREA)를 입력**합니다.

블록 지정 후 키보드의 L을 눌러도 [셀 테두리/배경] 대화상자의 [테두리] 탭이 표시됩니다.

④ **워드아트(WordArt)를 선택**한 후 [홈] 탭-[글꼴] 그룹에서 **글꼴(HY헤드라인M)과 글꼴 크기 (60)를 지정**합니다. 그런다음 **위치를 이동**합니다.

⑤ 도형을 삽입하기 위해 [삽입] 탭-[일러스트레이션] 그룹에서 **[도형]을 클릭**한 후 **[구름]을 클릭**합니다.

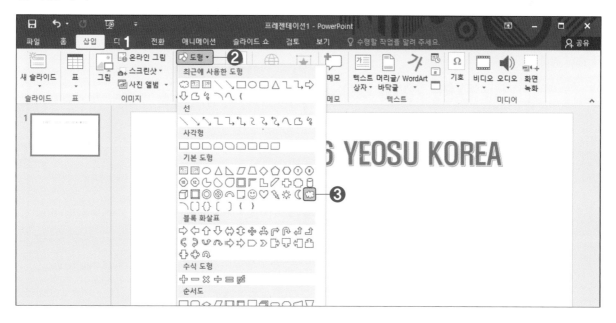

⑥ 마우스 포인터 모양이 변경되면 **드래그하여 도형을 작성**합니다.

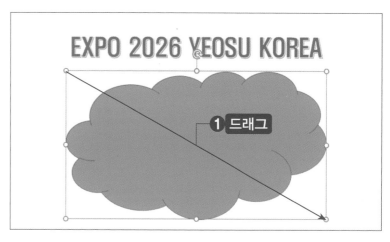

⑦ **도형의 바로가기 메뉴의 [도형 서식]을 클릭**합니다.

⑧ [그림 서식] 작업창이 표시되면 [채우기] 탭에서 **[그림 또는 질감 채우기]를 선택**한 후 **[파일] 단추를 클릭**합니다.

⑨ [그림 삽입] 대화상자가 표시되면 **찾는 위치((메타북스) 파포짱 2016)를 지정**한 후 **그림을 선택**한 다음 **[삽입] 단추를 클릭**합니다.

⑩ 도형에 그림이 삽입되면 **[닫기]**를 클릭합니다.

META 워드아트(WordArt)로 제목 편집하기

① **워드아트(WordArt)를 선택**한 후 [그리기 도구] 정황 탭-[서식] 탭-[도형 스타일] 그룹에서 **[도형 효과]를 클릭**한 후 [반사]- **[근접 반사, 터치]를 클릭**합니다.

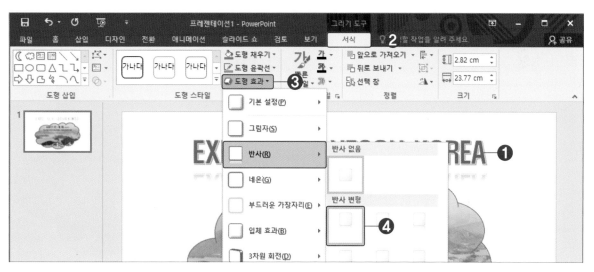

② [그리기 도구] 정황 탭-[서식] 탭-[WordArt 스타일] 그룹에서 **[텍스트 효과]를 클릭**한 후 [변환]-abCde**[삼각형]을 클릭**합니다.

③ **구름 도형을 선택**한 후 [그리기 도구] 정황 탭-[서식] 탭-[도형 스타일] 그룹에서 **[도형 효과]를 클릭**한 다음 [그림자]-▢**[오프셋 대각선 오른쪽 아래]를 클릭**합니다.

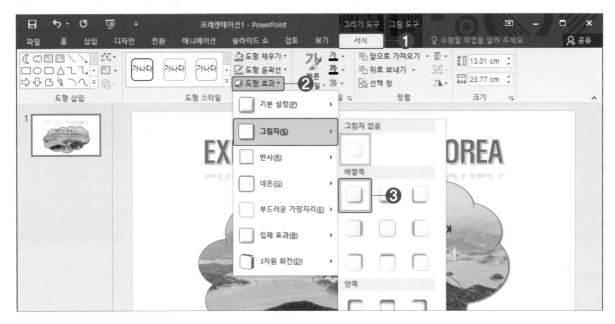

④ 다음과 같이 슬라이드 작성이 완료됩니다.

1 다음과 같이 슬라이드를 작성한 후 "전자무역"으로 저장해 보세요.

❶ 테마 : 우주 테마　　　　❷ 정육면체 도형 : 궁서, 54pt
❸ 타원 도형 : 그림(무역), 반사(근접 반사, 터치)　　　　❹ 워드아트 : 변환(원통 위)

2 다음과 같이 슬라이드를 작성한 후 "국제 투명성 위원회"로 저장해 보세요.

❶ 테마 : 배지　　❷ 제목 도형 : 빗면, 휴먼매직체, 60pt　　❸ 워드아트 : 반사(1/2반사, 터치)
❹ 육각형 도형 : 그림(회의), 그림자(원근감 대각선 오른쪽 위)

◆ 슬라이드에 표를 삽입하는 방법에 대해 알아보겠습니다.
◆ 표를 자유자재로 변경하는 방법에 대해 알아보겠습니다.

META 슬라이드에 표 삽입하기

① 파워포인트를 실행한 후 **[제목 및 내용] 레이아웃을 지정**한 다음 **제목을 작성**합니다.

❶ 유명한 유튜버되기 프로젝트

• 텍스트를 입력하십시오

❶ 제목 : 휴먼엑스포, 44pt, ≡[가운데 맞춤]

② 표를 삽입하기 위해 **텍스트 상자의 ▦[표 삽입]을 클릭**합니다.

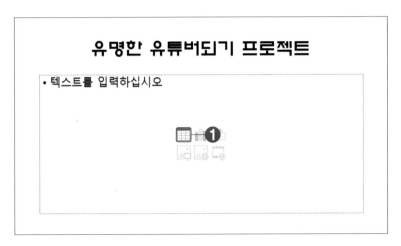

유명한 유튜버되기 프로젝트

• 텍스트를 입력하십시오

③ [표 삽입] 대화상자가 표시되면 **열 개수(6)와 행 개수(5)를 지정**한 후 **[확인] 단추를 클릭**합니다.

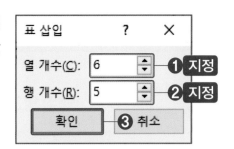

일반 슬라이드를 열어 작업하는 경우 [삽입] 탭-[표] 그룹에서 [표]를 클릭하여 표를 삽입할 수 있습니다.

④ 표가 삽입되면 **표 안에 내용을 입력**합니다.

⑤ 테마를 적용하기 위해 [디자인] 탭-[테마] 그룹에서 ▽[자세히]를 클릭한 후 [교육 태마]를 클릭합니다.

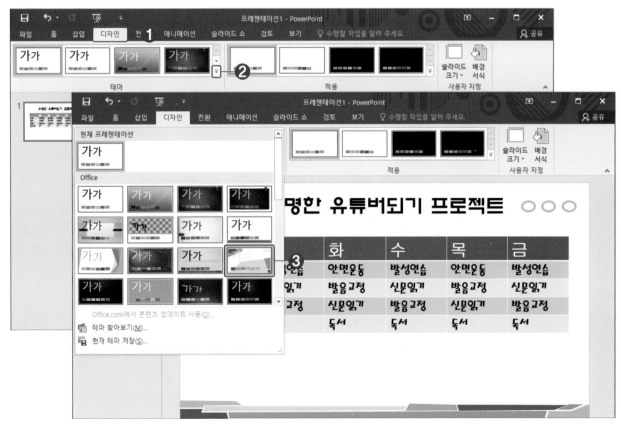

① 표를 선택한 후 표의 크기 조절점을 드래그하여 표의 크기를 조절합니다.

② 표의 항목 사이에 위한 경계선에 마우스 포인터를 위치시킨 후 마우스 모양이 ⇕ 모양으로 변경되면 드래그하여 셀의 높이를 조절합니다.

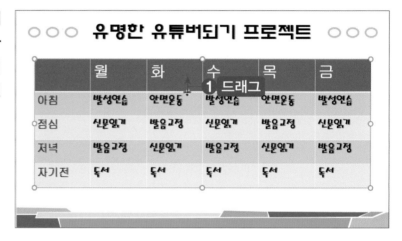

③ 구분에 사선을 작성하기 위해 [표 도구] 정황 탭-[디자인] 탭-[테두리 그리기] 그룹에서 **[펜 색]**을 클릭한 후 **[흰색, 배경 1]**을 클릭합니다.

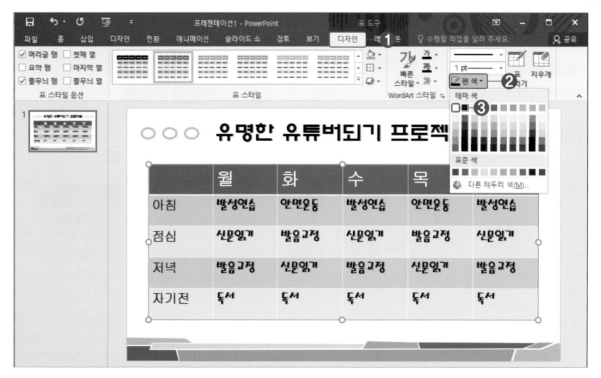

④ 펜 색이 변경되면 [표 도구] 정황 탭-[디자인] 탭-[테두리 그리기] 그룹에서 **[표 그리기]를 클릭**한 후 **드래그하여 사선을 작성**합니다.

⑤ 표의 테두리를 지정하기 위해 **표 전체를 드래그하여 셀 블록으로 지정**한 후 [표 도구] 정황 탭-[디자인] 탭-[테두리 그리기] 그룹에서 **펜 스타일(점선), 펜 두께(3 pt), 펜 색(주황, 강조 2)을 지정**합니다.

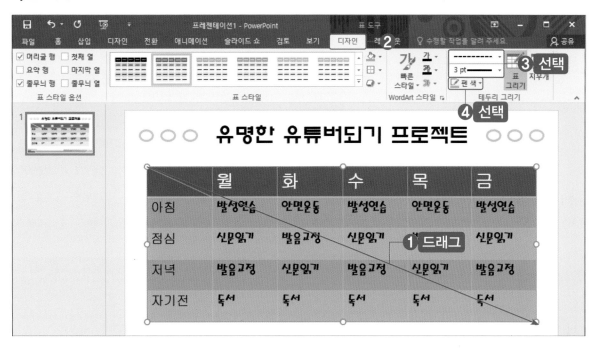

⑥ [표 도구] 정황 탭-[디자인] 탭-[표 스타일] 그룹에서 ▦▾[테두리]의 ▾[목록] 단추를 클릭한 후 [바깥쪽 테두리]를 클릭합니다.

⑦ 표 안의 데이터를 정렬하기 위해 [표 도구] 정황 탭-[레이아웃] 탭-[맞춤] 그룹에서 ≡[가운데 맞춤]
과 ▤[세로 가운데 맞춤]을 선택합니다.

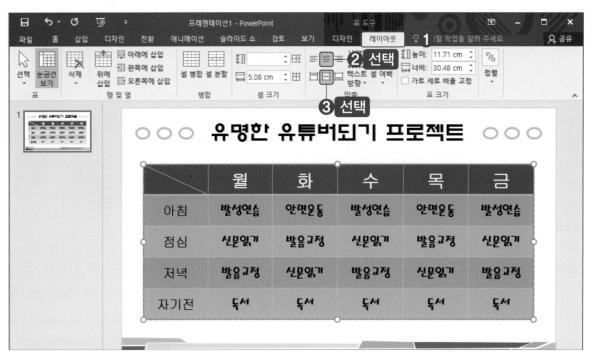

⑧ 다음과 같이 표가 완성됩니다.

뭐하고 있어?

유튜버가 되기 위해
계획표를 만들고 있어~

유튜브, YouTube, 유
튜브, YouTube......

1 다음과 같이 슬라이드를 작성한 후 "에너지 소비량의 천연가스 비중"으로 저장해 보세요.

에너지 소비량의 천연가스 비중

	2022년	2023년	2024년
주택난방용	7,532	7,245	6,442
일반용	1,099	968	854
냉방용	242	203	206
산업용	3,539	3,324	3,452
열병화	272	243	275
발전용	8,818	6,468	6,547

❶ 테마 : 갤러리　　❷ 워드아트 : HY견고딕, 54pt　　❸ 표 : 돋움, 24pt

2 다음과 같이 슬라이드를 작성한 후 "친구를 소개합니다"로 저장해 보세요.

친구를 소개합니다

이름	좋은점	나쁜점
강서영	친구를 잘 돕는다	어리광을 부린다.
김정우	질서를 잘 지킨다	목소리가 크다.
안진모	청소를 잘한다.	게임을 좋아한다.

❶ 테마 : 이온　　❷ 워드아트 : HY헤드라인M　　❸ 표 : 함초롬돋움, 24pt

13 도자기 한마당 방송하기

◆ 선을 추가하고 셀을 병합하는 방법에 대해 알아보겠습니다.
◆ 행/열 삽입 및 색 채우는 방법에 대해 알아보겠습니다.

META 표 그리기와 셀 병합하기

① 파워포인트를 실행한 후 [제목 및 내용] 레이아웃을 지정한 다음 제목을 작성합니다.

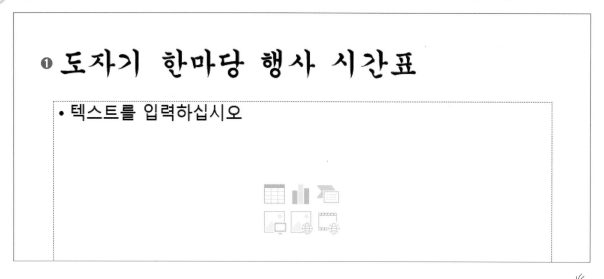

❶ 제목 : 궁서체, 48pt

② 표를 삽입하기 위해 텍스트 상자의 ▦[표 삽입]을 클릭합니다. 그런다음 [표 삽입] 대화상자가
표시되면 열 개수(6)와 행 개수(5)를 지정한 후 [확인] 단추를 클릭합니다.

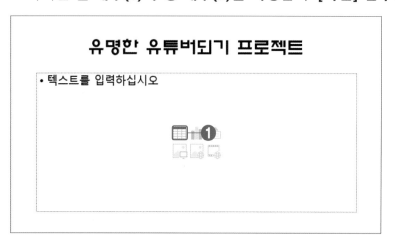

③ [표 도구] 정황 탭-[디자인] 탭-[테두리 그리기] 그룹에서 **[지우개]를 선택**한 후 **마우스 포인터 모양이** ⬸ **모양으로 변경되면 필요 없는 선을 드래그**하여 지웁니다.

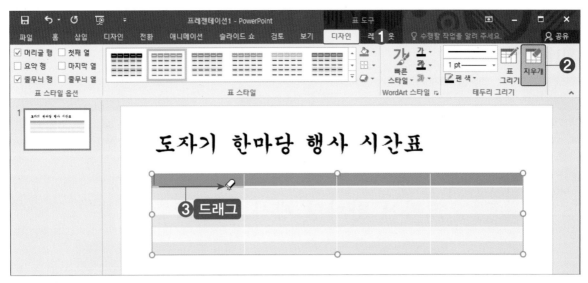

잘못 지울 경우 실행 취소(Ctrl+Z)를 누르거나 ▥[표 그리기]를 이용하여 다시 선을 그려줍니다.

④ 여러 셀을 합치기 위해 **합치고자 하는 셀을 드래그하여 블록으로 설정**한 후 [표 도구] 정황 탭-[레이아웃] 탭-[병합] 그룹에서 ▦**[셀 병합]을 클릭**합니다.

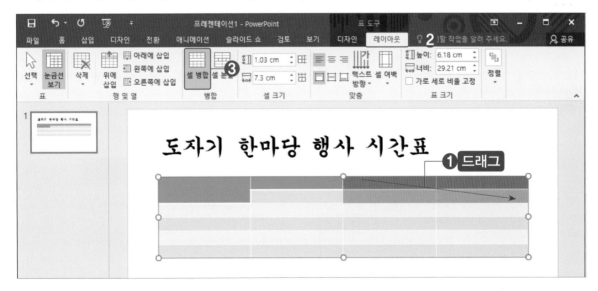

⑤ 같은 방법으로 **표의 셀을 합치고 내용을 입력**합니다.

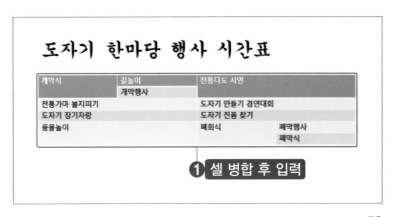

META 행/열 삽입 및 색 채우기

① **커서를 맨 아래 셀에 위치**한 후 [표 도구] 정황 탭-[레이아웃] 탭-[행 및 열] 그룹에서 **[아래에 삽입]을 클릭**합니다.

② **행이 추가되면 드래그하여 셀 블록으로 설정**한 후 [표 도구] 정황 탭-[레이아웃] 탭-[병합] 그룹에서 ▦**[셀 병합]을 클릭**합니다.

③ 셀이 병합되면 **내용을 입력**한 후 크기 조절점을 드래그하여 **표의 크기를 조절**합니다.

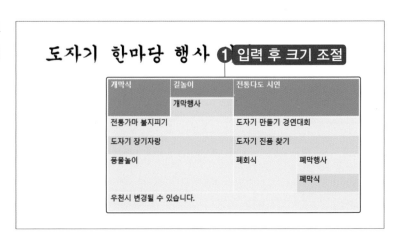

④ 표 스타일을 적용하기 위해 [표 도구] 정황 탭-[디자인] 탭-[표 스타일] 그룹에서 ▾**[자세히]**를 **클릭**한 후 ▦**[스타일 없음, 표 눈금]**을 **클릭**합니다.

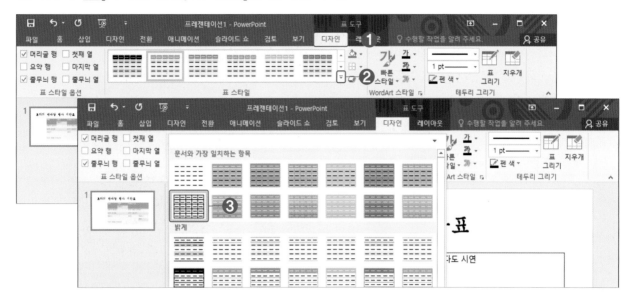

⑤ **제목 셀을 드래그하여 블록으로 설정**한 후 [표 도구] 정황 탭-[디자인] 탭-[표 스타일] 그룹에서 🎨▾**[음영]**의 ▾**[목록]단추를 클릭**한 다음 **[연한 파랑]**을 **클릭**합니다.

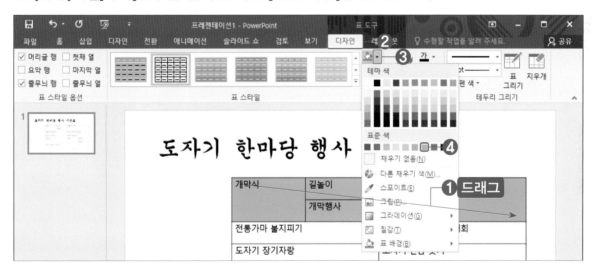

⑥ [삽입] 탭-[일러스트레이션] 그룹에서 **[도형]**을 **클릭**한 후 ▷**[오각형]**을 **클릭**합니다. 그런다음 **마우스 포인터 모양이 + 모양으로 변경되면 드래그**하여 다음과 같이 **도형을 작성**합니다.

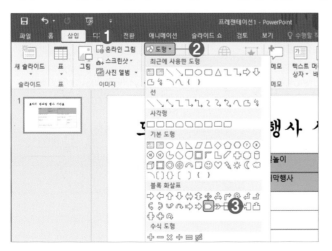

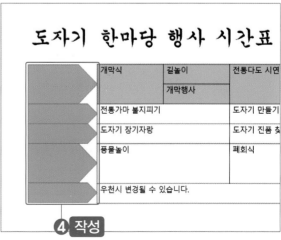

⑦ 각각의 **도형에 채우기 색을 지정**한 후 **내용을 입력**합니다.

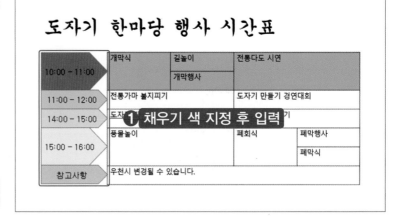

Tip
굴림, 20pt, 글꼴 색(검정, 텍스트 1)

⑧ **제목 텍스트 상자를 선택**한 후 [그리기 도구] 정황 탭-[서식] 탭-[도형 스타일] 그룹에서 **[도형 채우기]를 클릭**한 다음 [질감]-■**[돗자리]를 클릭**합니다.

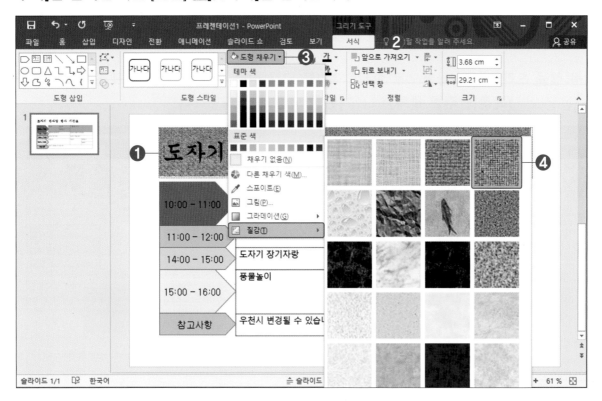

⑨ 다음과 같이 **표를 드래그하여 블록 설정**한 후 다음 **조건을 지정**합니다.

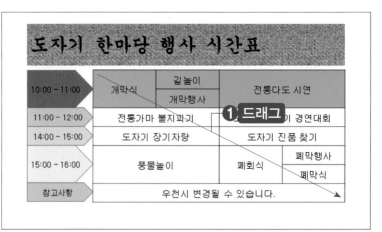

Tip
• 굴림, 24pt
• 가운데 맞춤, 세로 가운데 맞춤

1 다음과 같이 슬라이드를 작성한 후 "석유 제품의 종류 및 용도"로 저장해 보세요.

❶ 석유 제품의 종류 및 용도

❷	❸		
휘발유	비점 20 ~ 200도	자동차 가솔린	엔진용 연료
		항공 가솔린	
등유	비점 160 ~ 300도	백등유	가정난방, 가정연료, 살충제, 세정용
		석유발전기용 등유	
경유	비중 0.8 ~ 0.9	세탄가	소압 엔진의 연료

❶ 제목 : 궁서, 48pt, 가운데 맞춤   ❷ 좌측 도형 : 굴림, 24pt, 도형 스타일
❸ 표 : 돋움, 24pt, 가운데 맞춤, 세로 가운데 맞춤

2 다음과 같이 슬라이드를 작성한 후 "가로 세로 이야기 낱말 퀴즈"로 저장해 보세요.

❶ 가로 세로 이야기 낱말 퀴즈

❷ [표: 십자말풀이 격자, ① ② ③ ④ 번호 포함]

❸ [세로 열쇠]
① 잭은 콩나무를 타고 올라가 ○ ○알을 낳는 거위를 거인에게서 훔쳐옴
③ 옛 이야기에서 자주 등장하는 인물로, 요술 방망이를 가지고 다님
④ <○○ 깊은 까치>에서 까치는 나그네가 베풀어 준 ○○를 갚기 위해 머리로 종을 침

[가로 열쇠]
② 나무꾼이 연못에 도끼를 빠뜨려 산 신령이 찾아 주는 이야기의 제목

❶ 제목 : HY견고딕   ❷ 표 : 20pt   ❸ 텍스트 상자 : 맑은 고딕, 24pt

14 최고의 명견을 뽑는 자리

◆ 표 안에 그림을 삽입하는 방법에 대해 알아보겠습니다.
◆ 그라데이션으로 표를 꾸미는 방법에 대해 알아보겠습니다.

META 표 안에 그림 삽입하기

① 파워포인트를 실행한 후 **[제목 및 내용] 레이아웃을 지정**한 다음 **제목을 작성**합니다.

Tip

❶ 제목 : 궁서, 48pt, 가운데 맞춤, 질감(편지지)

② 표를 삽입하기 위해 **텍스트 상자의 ▦[표 삽입]을 클릭**합니다. 그런다음 [표 삽입] 대화상자가 표시되면 **열 개수(3)와 행 개수(6)를 지정**한 후 **[확인] 단추를 클릭**합니다.

③ 표 스타일을 적용하기 위해 [표 도구] 정황 탭-[디자인] 탭-[표 스타일] 그룹에서 ▾[자세히]를 클릭한 후 ▦[스타일 없음, 표 눈금]를 클릭합니다.

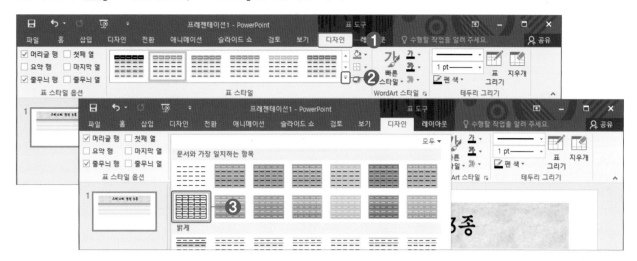

④ 표 스타일이 변경되면 셀 병합을 이용하여 다음과 같이 **셀을 병합**한 후 **크기를 조절**합니다.

⑤ **표에 내용을 입력**한 후 **표 전체를 드래그하여 셀 블록을 설정**한 다음 [홈] 탭-[글꼴] 그룹에서 **글꼴(돋움), 글꼴 크기(20pt)를 지정**합니다. 그런다음 [표 도구] 정황 탭-[레이아웃] 탭-[맞춤] 그룹에서 **[세로 가운데 맞춤]**을 클릭합니다.

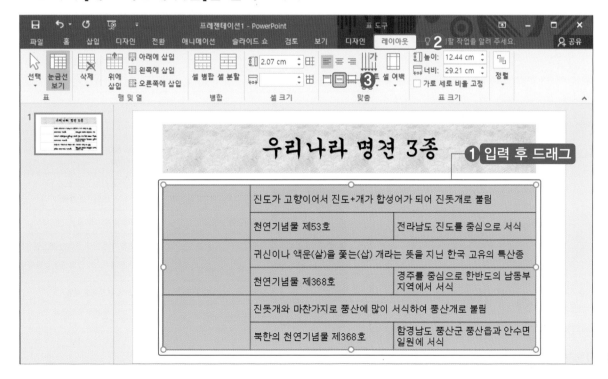

⑥ **첫 번째 셀을 클릭**한 후 [표 도구] 정황 탭-[디자인] 탭-[표 스타일] 그룹에서 **[도형 채우기]를 클릭**한 다음 **[그림]을 클릭**합니다.

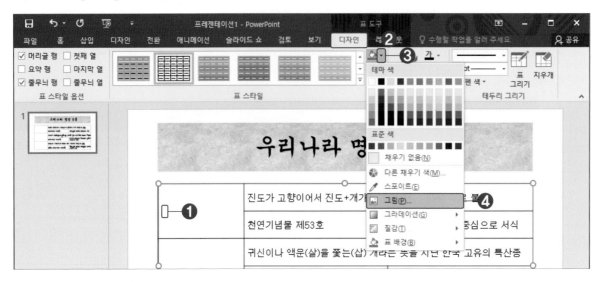

⑦ [그림 삽입] 대화상자가 표시되면 **[파일에서]를 클릭**합니다.

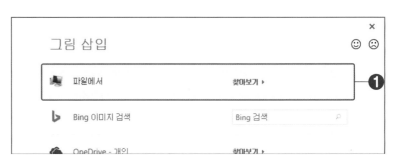

⑧ [그림 삽입] 대화상자가 표시되면 **찾는 위치((메타북스) 파포짱 2016)를 지정**한 후 **그림(진돗개)을 선택**한 다음 **[삽입] 단추를 클릭**합니다.

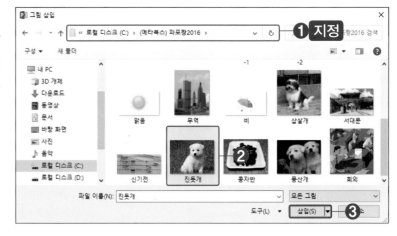

⑨ 그림이 삽입되면 같은 방법으로 **나머지 셀에 그림을 삽입**합니다.

① **첫 번째 셀을 클릭**한 후 [표 도구] 정황 탭-[디자인] 탭-[표 스타일] 그룹에서 **[도형 채우기]**를 클릭한 다음 [그라데이션]-**[기타 그라데이션]**을 클릭합니다.

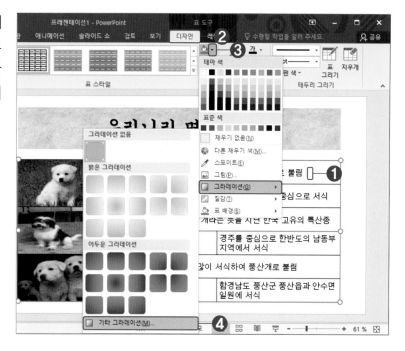

② [도형 서식] 작업 창이 표시되면 **[채우기 및 선]**을 클릭한 후 **[그라데이션 채우기]**를 선택한 다음 **그라데이션 미리 설정을 클릭**하고 **[밝은 그라데이션 - 강조 6]**을 클릭합니다.

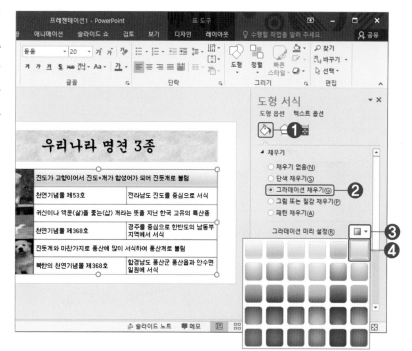

③ 같은 방법으로 삽살개와 풍산개에 **그라데이션 미리 설정을 지정**한 후 **[닫기]**를 클릭합니다.

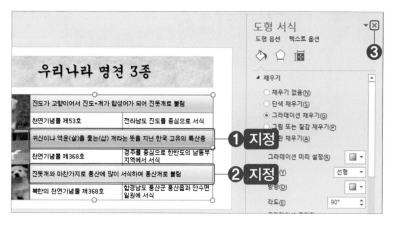

④ 부 제목을 작성하기 위해 **표의 크기를 조절**합니다. 그런다음 [삽입] 탭-[일러스트레이션] 그룹에서 **[도형]을 클릭**한 후 **[빗면]을 선택**한 다음 **드래그하여 도형을 작성**합니다.

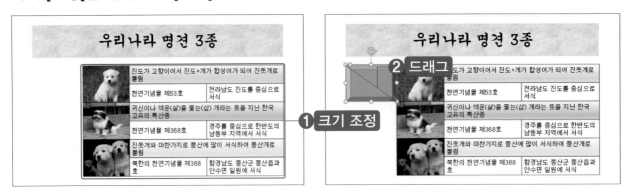

⑤ **도형을 작성**한 후 **내용을 입력**한 다음 **도형 스타일을 지정**합니다.

Tip

- 굴림, 20pt
- Ctrl + Shift 를 누른
  상태에서 드래그
  하여 도형을 복사
  해도 됩니다.

1 다음과 같이 슬라이드를 작성한 후 "우리나라 대문"으로 저장해 보세요.

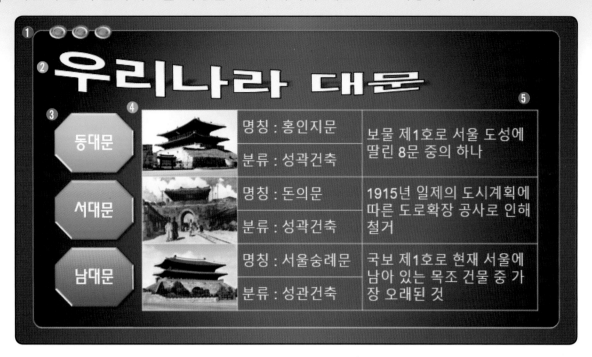

❶ 테마 : 디지털 테마　　　❷ 제목 : 워드아트, HY견고딕, 그림자
❸ 좌측 도형 : 팔각형, 휴먼모음T, 28pt　　　❹ 그림 : 동대문, 서대문, 남대문　　　❺ 표: 24pt

2 다음과 같이 슬라이드를 작성한 후 "여러 날 동안의 날씨 조사하기"로 저장해 보세요.

❶ 여러 날 동안의 날씨 조사하기

날짜	5월 9일	5월 10일	5월 11일
시각	오후 2시	오후 2시	오후 2시
기온	23도	21도	18도
날씨			
풍향	동풍	남동풍	북풍
풍속	5m/초	15m/초	6m/초

❶ 제목 : HY견고딕, 48pt, 텍스트 그림자　　　❷ 표 제목 : 맑은 고딕, 24pt　　　❸ 표 내용 : 24pt
❹ 그림 : 맑음, 구름 많음, 비

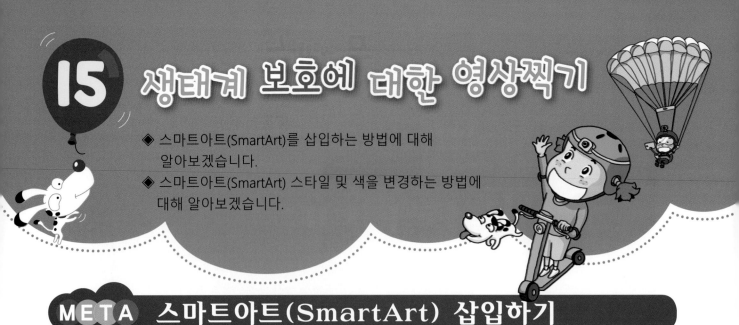

15 생태계 보호에 대한 영상찍기

◆ 스마트아트(SmartArt)를 삽입하는 방법에 대해
  알아보겠습니다.
◆ 스마트아트(SmartArt) 스타일 및 색을 변경하는 방법에
  대해 알아보겠습니다.

META 스마트아트(SmartArt) 삽입하기

① 파워포인트를 실행한 후 **[제목 및 내용] 레이아웃을 지정**한 다음 **제목을 작성**합니다.

> ❶ **먹고 먹히는 먹이 사슬 관계**
>
> • 텍스트를 입력하십시오

Tip

❶ 제목 : HY헤드라인M, 48pt

② 스마트아트를 삽입하기 위해 **텍스트 상자의 [SmartArt 그래픽 삽입]**을 클릭합니다.

> **먹고 먹히는 먹이 사슬 관계**
>
> • 텍스트를 입력하십시오
>
> ❶

③ [SmartArt 그래픽 선택] 대화상자가 표시되면 **[주기형] 탭을 클릭**한 후 **[기본 주기형]을 선택**한 다음 **[확인] 단추를 클릭**합니다.

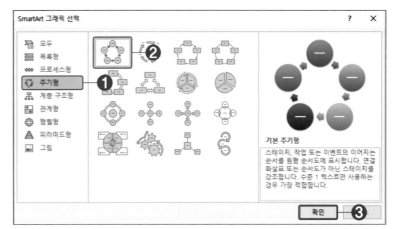

◎ [SmartArt 그래픽 선택] 대화상자 알아보기

[SmartArt 그래픽 선택] 대화상자에는 그래픽 서식을 9개의 탭으로 구분하여 정리했으며, 총 개수는 185가지의 서식 목록을 제공합니다.

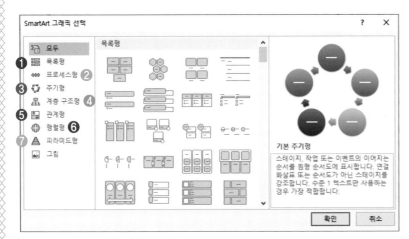

❶ **목록형** : 비순차적으로 구분되어 있는 내용을 나타내거나 그룹화된 정보를 표시할 때 사용합니다.

❷ **프로세스형** : 작업, 프로세서 또는 워크 플로의 진행 방향이나 순차적 단계를 표시할 때 사용합니다.

❸ **주기형** : 서로 유기적으로 연결된 요소들이 연속적으로 영향을 주거나 일정 주기로 작업이 진행되는 경우에 사용합니다.

❹ **계층 구조형** : 가장 많이 활용하는 다이어그램 스타일로 한 조직에서의 직위 관계나 지휘, 명령 계통 따위 등의 계층 관계를 보여줄 때 사용합니다.

❺ **관계형** : 상호 관련이 있는 정보를 나타낼 때 사용합니다.

❻ **행렬형** : 사분면에서 전체에 대한 구성 요소의 관계를 나타낼 때 사용하는데, SWOT 분석을 할 때 활용하면 편리합니다.

❼ **피라미드형** : 특정 구조 및 체제에서 각 요소의 비율을 상위부터 하위까지 단계적으로 보여줄 때 사용합니다.

④ SmartArt가 삽입되면 각각의 **텍스트 상자를 클릭**하여 **내용을 입력**합니다.

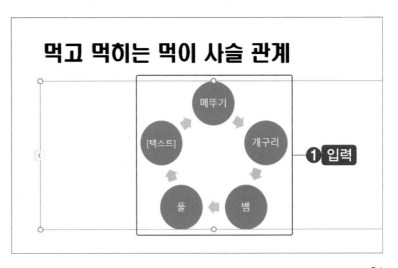

5 **필요 없는 도형을 선택**한 후 `Delete`를 눌러 **삭제**합니다.

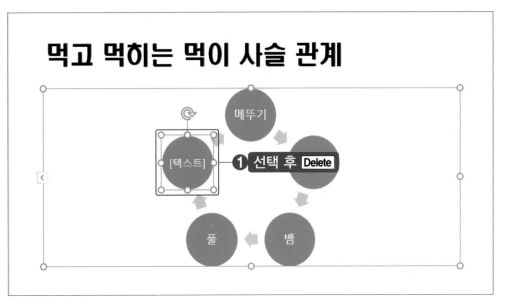

스마트아트 스타일 및 색 변경하기

1 스마트아트(SmartArt)에 스타일을 지정하기 위해 [SmartArt 도구] 정황 탭-[디자인] 탭-[SmartArt 스타일] 그룹에서 ▼**[자세히]를 클릭**한 후 SmartArt 스타일 목록이 표시되면 ⚬ **[광택 처리]를 클릭**합니다.

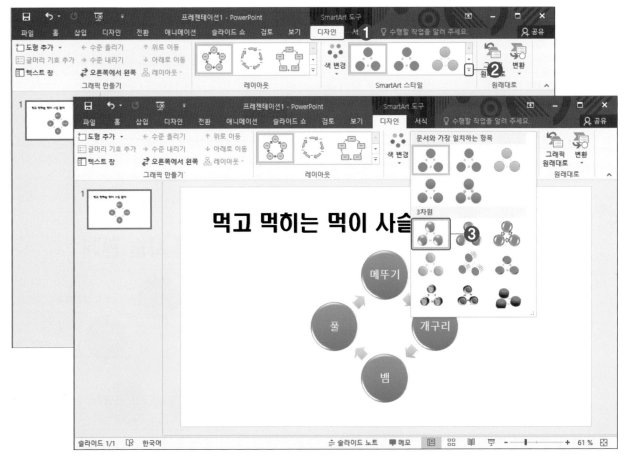

② 스마트아트(SmartArt) 색을 변경하기 위해 [SmartArt 도구] 정황 탭-[디자인] 탭-[SmartArt 스타일] 그룹에서 **[색 변경]을 클릭**한 후 ⚙**[색상형 - 강조색]를 클릭**합니다.

③ 입력된 텍스트를 꾸미기 위해 **Shift**를 누른 상태에서 텍스트 상자를 클릭하여 모두 선택합니다.

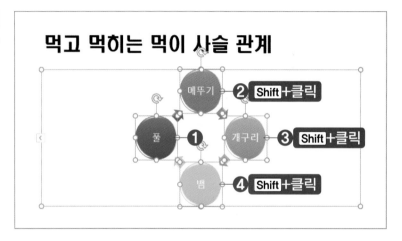

④ 텍스트 상자가 선택되면 [홈] 탭-[글꼴] 그룹에서 **글꼴(HY엽서L)과 글꼴 크기(24)를 지정**합니다.

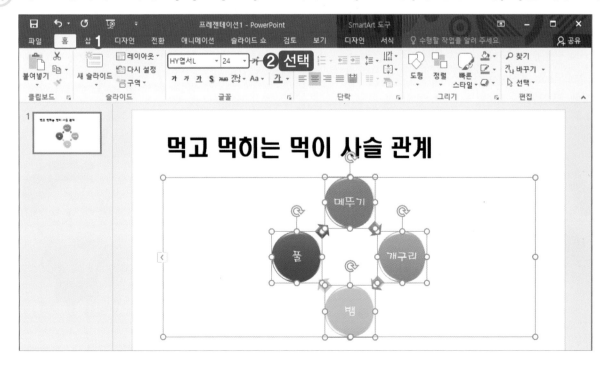

⑤ 그림을 삽입하기 위해 [삽입] 탭-[이미지] 그룹에서 **[온라인 그림]**을 클릭합니다.

⑥ [그림 삽입] 대화상자가 표시되면 **[Bing 이미지 검색]**을 **클릭**한 후 **검색어를 입력**하여 검색한 다음 **그림을 선택하여 삽입**합니다. 같은 방법으로 다음과 같이 **그림을 삽입**합니다.

1 다음과 같이 슬라이드를 작성한 후 "우주 개발 계획 및 전략"으로 저장해 보세요.

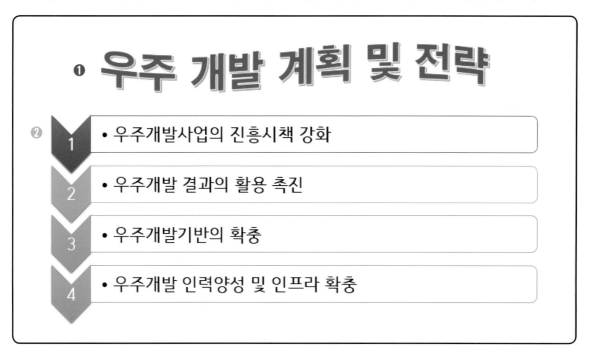

❶ 제목 : 워드아트, HY견고딕
❷ 스마트아트 : 함초롬돋움, 28pt, 색 변경(색상형 - 강조색 5 또는 6), SmartArt 스타일(강한 효과)

2 다음과 같이 슬라이드를 작성한 후 "Herb Medicine Museum"으로 저장해 보세요.

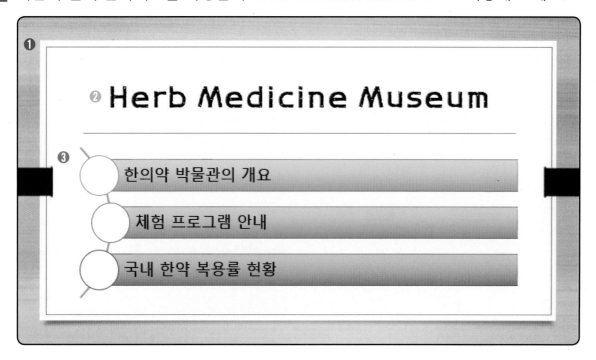

❶ 테마 : 자연주의   ❷ 제목 : HY목각파임B, 48pt
❸ 스마트아트 : 맑은 고딕, 색 변경(색상형 - 강조색), SmartArt 스타일(미세효과)

① 파워포인트를 실행한 후 [빈 화면] 레이아웃을 지정합니다. 그런다음 [디자인] 탭-[테마] 그룹에서 ▾[자세히]를 클릭한 후 🎨 [배지]를 클릭합니다.

② 디자인 테마가 적용되면 [삽입] 탭-[이미지] 그룹에서 [온라인 그림]을 클릭합니다.

③ [그림 삽입] 대화상자가 표시되면 [Bing 이미지 검색]을 클릭합니다.

④ 검색명(액자)을 입력한 후 [검색]을 클릭합니다. 그런다음 검색 목록이 표시되면 이미지를 선택한 후 [삽입] 단추를 클릭합니다.

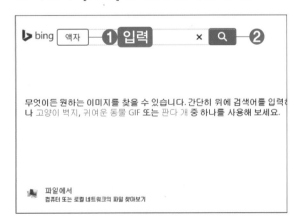

⑤ 그림이 삽입되면 크기를 조절합니다.

⑥ 동영상을 삽입하기 위해 [삽입] 탭-[미디어] 그룹에서 [비디오]를 클릭한 후 [내 PC의 비디오]를 클릭합니다.

⑦ [비디오 삽입] 대화상자가 표시되면 찾는 위치((메타북스) 파포짱 2016)를 지정한 후 동영상(귀여운 우리 강아지!!)을 선택한 다음 [삽입] 단추를 클릭합니다.

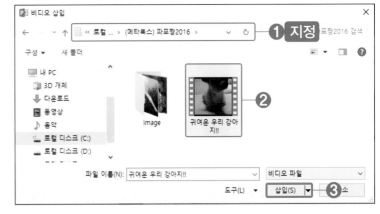

⑧ 동영상이 삽입되면 [비디오 도구] 정황 탭-[재생] 탭-[비디오 옵션] 그룹에서 시작(자동 실행)을 선택한 후 크기를 조절합니다.

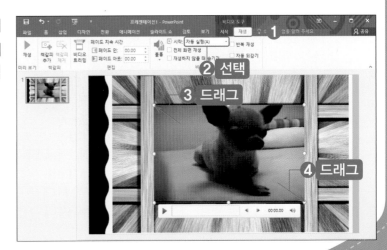

⑨ 삽입된 동영상이 정상적으로 재생
되는지 확인하기 위해 [비디오 도
구] 정황 탭-[재생] 탭-[미리 보기]
그룹에서 [재생]을 클릭합니다.

⑩ 다음과 같이 슬라이드 화면에 동영상이 재생됩니다.

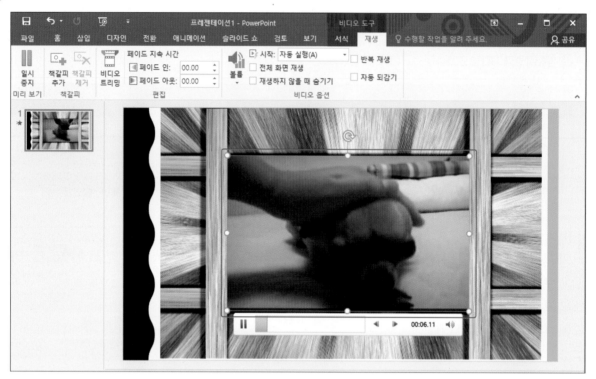

◎ 스티브 잡스(Steve Jobs)

세계 최고의 전자 기기, 소프트웨어 회사 중 하나인 Apple의
창립자이지만 잡스가 디지털 시대의 아이콘으로 평가받는 것
은 단순히 성능을 끌어올린 신제품을 만드는 것이 아니라 새
로운 시도로 인류의 삶을 진보시킨 창의적인 제품을 고안한
것에 있다.

Apple II 컴퓨터로 데스크탑 시장을 개척했으며, Macintosh를
통해 PC 열풍을 불러와 대부분의 가정에 컴퓨터가 보급되도
록 개인용 컴퓨터 시대를 연 인물이면서 iPhone을 통해 스마
트폰이 보급되도록 하여 오늘날의 모바일 시대를 만든 인물이다. 일개 기업인의 신분으
로 창의적인 제품을 통해 인류의 삶을 두 번이나 바꾼, 21세기 혁신의 아이콘과도 같은
인물이라고 할 수 있다.

Powerpoint 2016

파포짱

PART 03

17 어린이의 건강 상태 방송하기

◆ 슬라이드에 차트를 삽입하는 방법에 대해
알아보겠습니다.
◆ 차트의 옵션을 변경하는 방법에 대해 알아보겠습니다.

META 슬라이드에 차트 삽입하기

① 파워포인트를 실행한 후 [제목 및 내용] 레이아웃을 지정한 다음 제목을 작성합니다.

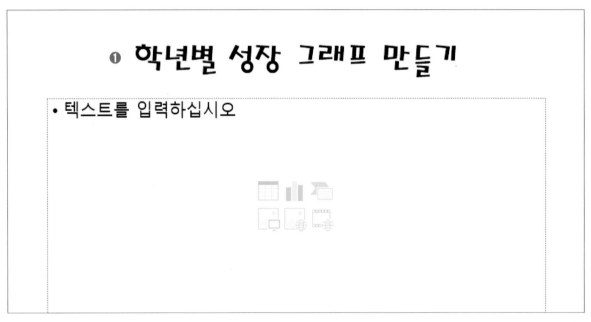

Tip

❶ 제목 : 휴먼매직체, 54pt, ≡[가운데 맞춤]

② 차트를 삽입하기 위해 **텍스트 상자의 [차트 삽입]을 클릭**합니다.

③ [차트 삽입] 대화상자가 표시되면 **[세로 막대형]을 선택**한 후 **[3차원 묶은 세로 막대형]을 클릭**한 다음 **[확인] 단추를 클릭**합니다.

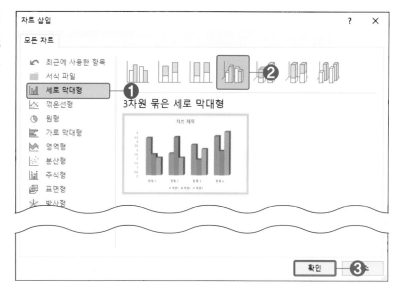

④ [Microsoft PowerPoint의 차트] 대화상자가 표시되면 **차트 데이터 범위의 오른쪽 아래 모서리 (⌐)를 드래그**하여 **차트 데이터 범위를 A1:D3셀 범위로 조정**합니다.

▲	A	B	C	D	E	F	G	H	I
1		계열 1	계열 2	계열 3					
2	항목 1	4.3	2.4	2					
3	항목 2	2.5	4.4	2					
4	항목 3	3.5	1.8	3					
5	항목 4	4.5	2.8	5					
6									

① 드래그

⑤ **차트 데이머터 범위 이외의 값(A4:D5)을 셀 블록으로 설정**한 후 Delete를 눌러 삭제합니다.

▲	A	B	C	D	E	F	G	H	I
1		계열 1	계열 2	계열 3					
2	항목 1	4.3	2.4	2					
3	항목 2	2.5							
4	항목 3	3.5	1.8	3					
5	항목 4	4.5	2.8	5					
6									

① 드래그 후 Delete

⑥ 다음과 같이 **차트 데이터를 입력**합니다.

▲	A	B	C	D	E	F	G	H	I
1		1학년	2학년	3학년					
2	키(cm)	120	133	148					
3	몸무게(kg	22	31	45					
4									
5									
6									

① 입력

⑦ **파워포인트를 선택**한 후 [차트 도구] 정황 탭-[디자인] 탭-[데이터] 그룹에서 **[행/열 전환]**을 클릭합니다.

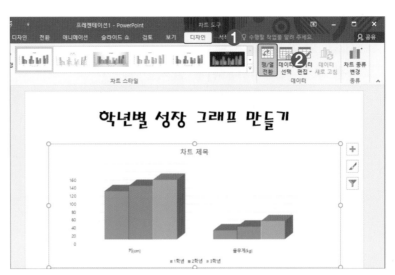

Tip

[Microsoft PowerPoint의차트] 대화상자가 종료되면 [행/열 전환]이 비활성화 됩니다.

⑧ 차트의 행/열이 전환되면 [Microsoft Powerpoint의 차트] 대화상자에서 **[닫기]**를 클릭합니다.

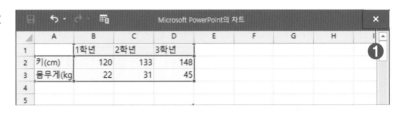

알아두면 꿀팁!

◎ **차트의 구성 요소**

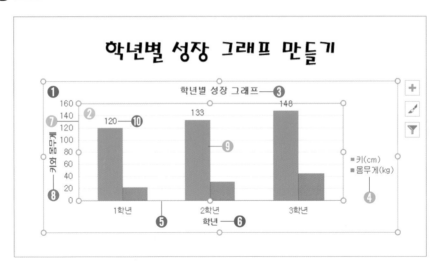

❶ **차트 영역** : 차트의 모든 요소를 포함하며, 차트 요소는 차트 영역, 그림 영역, 차트 제목, 범례 등이 있습니다.
❷ **그림 영역** : 실제 그래프가 그려지는 영역으로 가로/세로 축 및 축 제목 등이 포함됩니다.
❸ **차트 제목** : 차트의 제목입니다.
❹ **범례** : 데이터 계열을 구분하는 색과 이름을 표시하는 곳입니다.
❺ **가로 축** : 데이터 계열의 이름을 표시하는 축 입니다.
❻ **가로 축 제목** : 가로 축의 제목입니다.
❼ **세로 축** : 데이터 계열의 값을 표시하는 축 입니다.
❽ **세로 축 제목** : 세로 축의 제목입니다.
❾ **데이터 계열** : 관련 데이터 요소의 집합으로 수치 데이터러를 나타내는 가로 막대, 세로 막대, 꺾은선 등을 말합니다.
❿ **데이터 레이블** : 데이터 요소의 계열 이름, 항목 이름, 값을 표시합니다.

① 차트 레이아웃을 변경하기 위해 [차트 도구] 정황 탭-[디자인] 탭-[차트 레이아웃] 그룹에서 **[빠른 레이아웃]을 클릭**한 후 **[레이아웃 5]를 클릭**합니다.

② 차트 레이아웃이 변경되면 **차트 제목을 드래그하여 블록으로 설정**한 후 **차트 제목(학년별 성장 그래프)을 입력**합니다.

③ 같은 방법으로 **세로 축 제목(키와 몸무게)를 입력**합니다.

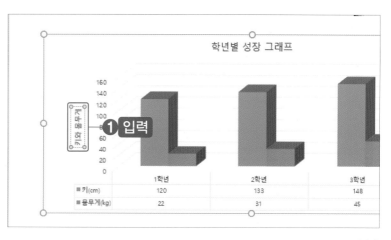

④ **차트를 선택**한 후 [홈] 탭-[글꼴] 그룹에서 **굴꼴(굴림)과 글꼴 크기(18)를 선택**합니다.

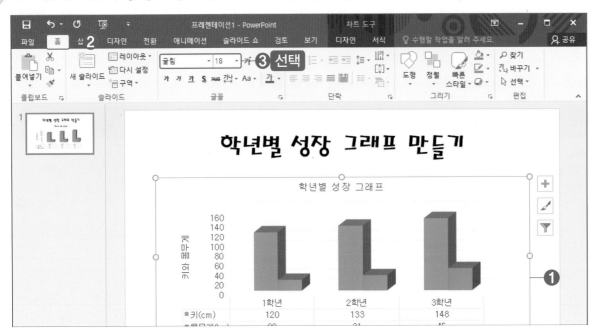

⑤ **차트 제목 및 세로 축 제목을 각 각 선택**한 후 [홈] 탭-[글꼴] 그룹 에서 **가 [굵게]를 지정**합니다.

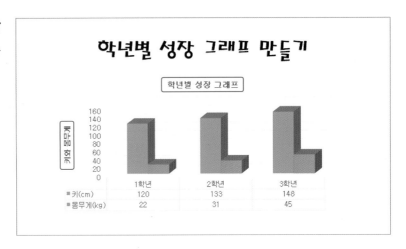

1 다음과 같이 슬라이드를 작성한 후 "자전거 이용시 절약효과"로 저장해 보세요.

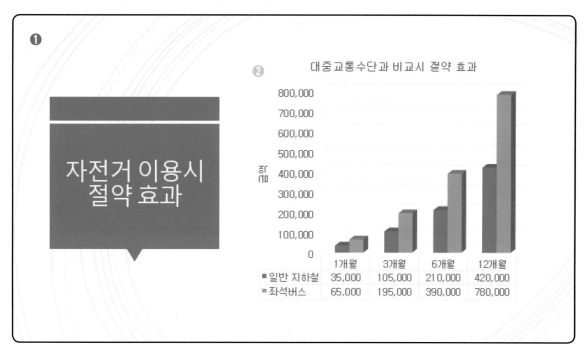

❶ **테마** : 아틀라스　　❷ **차트** : 굴림, 16pt, 차트 레이아웃 - 레이아웃 5

2 다음과 같이 슬라이드를 작성한 후 "관람 요금 안내"로 저장해 보세요.

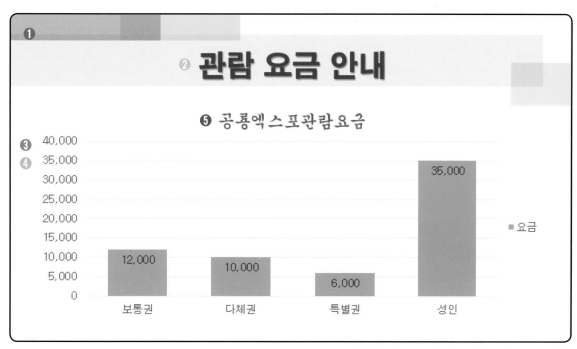

❶ **테마** : 심플 테마　　❷ **제목** : HY견고딕, 48pt, 텍스트 그림자
❸ **차트 레이아웃** - 레이아웃 10　　❹ **차트 전체** : 돋움, 18pt　　❺ **차트 제목** : 궁서, 28pt

META 나만의 차트 만들기

① 파워포인트를 실행한 후 **[제목 및 내용] 레이아웃을 지정**한 다음 **제목을 작성**하고 차트를 삽입하기 위해 **텍스트 상자의 ▮[차트 삽입]을 클릭**합니다.

Tip

❶ 제목 : 휴먼옛체, 54pt

② [차트 삽입] 대화상자가 표시되면 **[원형]을 선택**한 후 **[3차원 원형]을 클릭**한 다음 **[확인] 단추를 클릭**합니다.

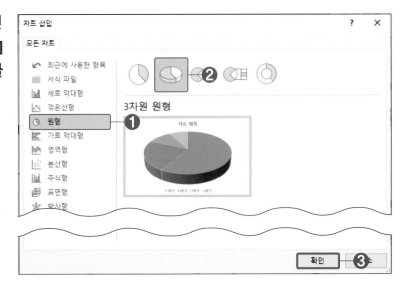

③ [Microsoft PowerPoint의 차트] 대화상자가 표시되면 **차트 데이터 범위의 오른쪽 아래 모서리(⌐)를 드래그**하여 **차트 데이터 범위를 A1:F2셀 범위로 조정**합니다.

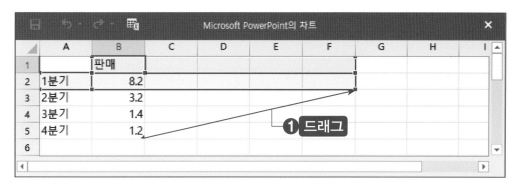

④ **차트 데이터 범위 이외의 값(A3:B5)을 셀 블록으로 설정**한 후 Delete 를 눌러 삭제합니다.

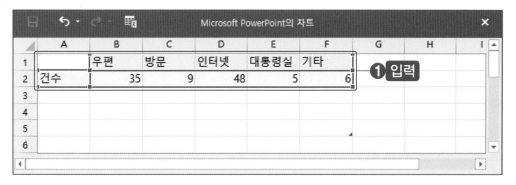

⑤ 다음과 같이 **차트 데이터를 입력**합니다.

⑥ **파워포인트를 선택**한 후 [차트 도구] 정황 탭-[디자인] 탭-[데이터] 그룹에서 **[행/열 전환]**을 **클릭**합니다.

⑦ 차트의 행/열이 전환되면 [Microsoft Powerpoint의 차트] 대화상자에서 **[닫기]를 클릭**합니다.

	A	B	C	D	E	F	G	H	I
1		우편	방문	인터넷	대통령실	기타			
2	건수	35	9	48	5	6			
3									
4									
5									
6									

⑧ 차트 레이아웃이 변경되면 **차트 제목을 드래그하여 블록으로 설정**한 후 **차트 제목(민원접수 경로별 건수)을 입력**합니다.

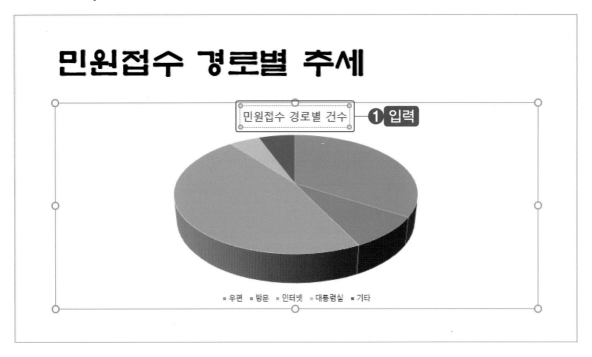

⑨ 범례의 위치를 변경하기 위해 **차트를 선택**한 후 [차트 도구] 정황 탭-[디자인] 탭-[차트 레이아웃] 그룹에서 **[차트 요소 추가]를 클릭**한 다음 [범례]-**[오른쪽]을 클릭**합니다.

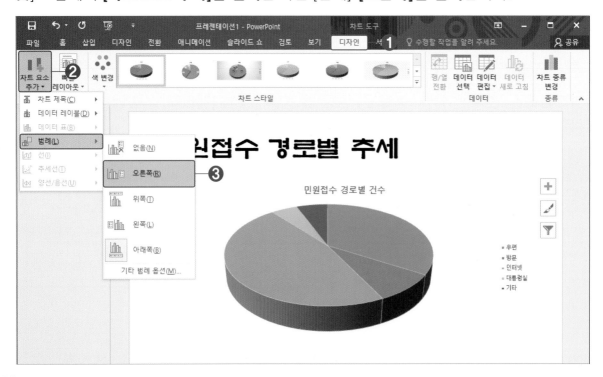

⑩ 데이터 레이블을 표시하기 위해 [차트 도구] 정황 탭-[디자인] 탭-[차트 레이아웃] 그룹에서 **[차트 요소 추가]**를 클릭한 후 [데이터 레이블]-**[바깥쪽 끝에]**를 클릭합니다.

⑪ [홈] 탭-[글꼴] 그룹에서 **글꼴(궁서) 과 글꼴 크기(24)**를 지정합니다.

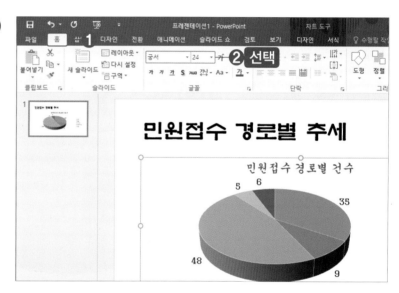

META 차트 디자인하기

① 차트 영역에 그림자를 지정하기 위해 [차트 도구] 정황 탭-[서식] 탭-[도형 스타일] 그룹에서 **[도형 채우기]**를 클릭한 후 **[흰색, 배경 1]**을 클릭합니다.

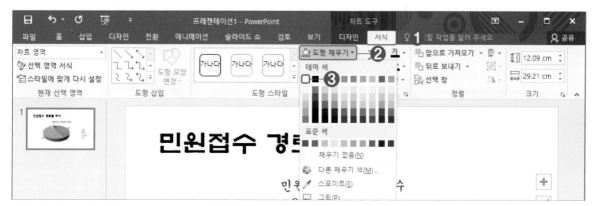

② 차트 영역에 색상이 적용되면 [차트 도구] 정황 탭-[서식] 탭-[도형 스타일] 그룹에서 **[도형 윤곽선]**을 클릭한 후 **[검정, 텍스트 1]**을 클릭합니다.

③ 차트에 그림자를 적용하기 위해 [차트 도구] 정황 탭-[서식] 탭-[도형 스타일] 그룹에서 **[도형 효과]**를 클릭한 후 [그림자]-**[오프셋 대각선 오른쪽 아래]**를 클릭합니다.

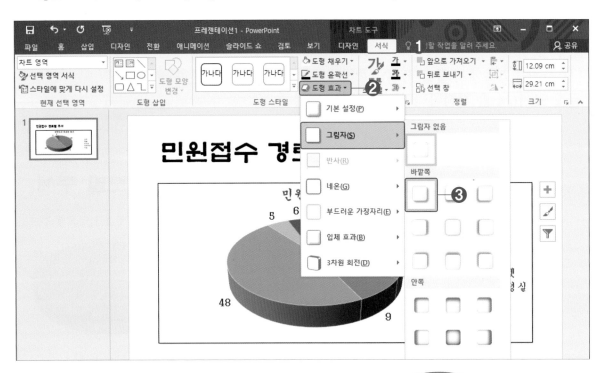

예전엔 몰랐고 이제는 풀 수 있다

1 다음과 같이 슬라이드를 작성한 후 "인체의 수분 필요량"으로 저장해 보세요.

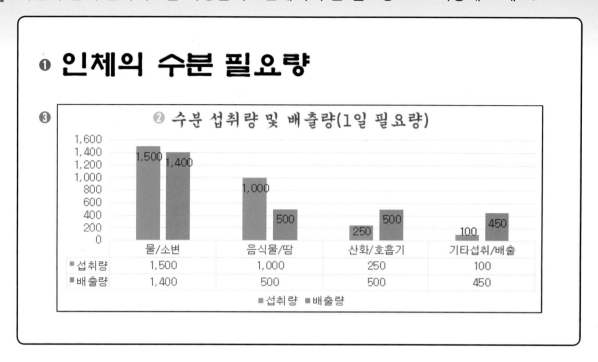

❶ 제목 : 휴먼옛체, 48pt　　❷ 차트 : 묶은 세로 막대형, 돋움, 18pt　　❸ 차트 제목 : 궁서, 28pt

2 다음과 같이 슬라이드를 작성한 후 "공룡의 성장 곡선"으로 저장해 보세요.

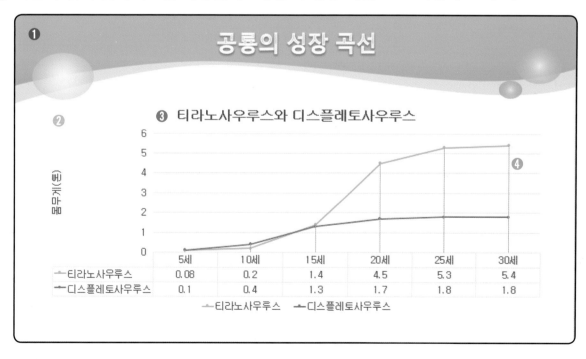

❶ 테마 : 자연 테마　　❷ 차트 : 표식이 있는 꺾은선형, 굴림, 16pt
❸ 차트 제목 : 굴림, 24pt, 굵게　　❹ 데이터 계열 서식 : 하강선 표시

19 지구를 살리는 자연보호

◆ 슬라이드 마스터 및 제목 마스터에 대해
   알아보겠습니다.
◆ 마스터에 내용을 입력한 후 완성하는 방법에 대해
   알아보겠습니다.

META 슬라이드 마스터 설정하기

① 파워포인트를 실행한 후 [보기] 탭-[마스터 보기] 그룹에서 **[슬라이드 마스터]를 클릭**합니다.

② 슬라이드 마스터 편집 화면이 나타나면 **[Office 테마 슬라이드 마스터]를 클릭**합니다.

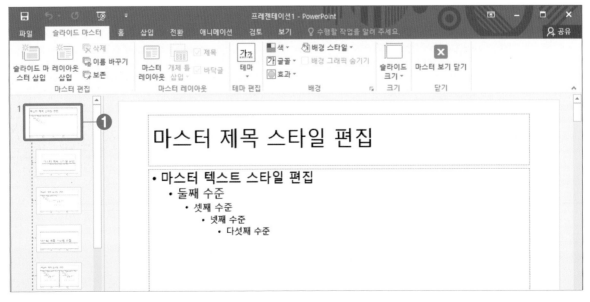

③ **마스터 제목 스타일 편집 상자를 선택**한 후 [홈] 탭-[글꼴] 그룹에서 **글꼴(휴먼매직체)과 글꼴 크기(48), 글꼴 스타일(굵게)를 지정**한 다음 [단락] 그룹에서 ≡**[가운데 맞춤]을 선택**합니다.

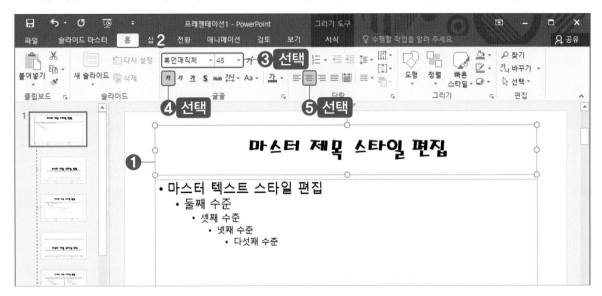

④ 같은 방법으로 **마스터 텍스트 스타일 편집 상자를 선택**한 후 [홈] 탭-[글꼴] 그룹에서 **글꼴(돋움)을 선택**한 다음 **가[글꼴 크기 크게]를 한번 클릭**합니다.

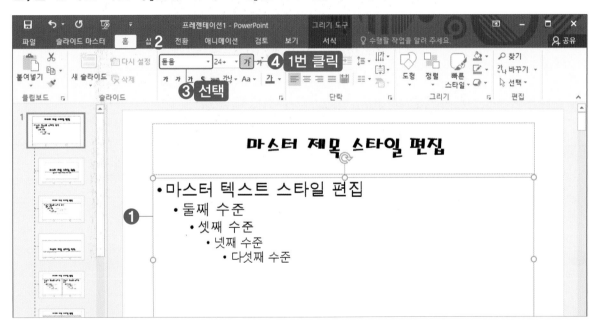

⑤ 배경 서식을 지정하기 위해 슬라이드의 빈 공간에서 **바로가기 메뉴의 [배경 서식]을 클릭**합니다.

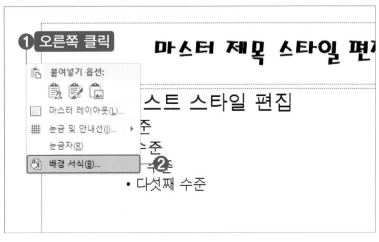

⑥ [배경 서식] 작업 창이 표시되면 **[채우기 및 선]을 클릭**한 후 **[그라데이션 채우기]를 선택**한 다음 **그라데이션 미리 설정을 클릭**하고 **[밝은 그라데이션 - 강조 6]을 클릭**합니다.
그런다음 **[닫기]를 클릭**합니다.

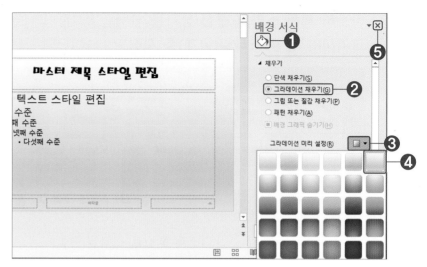

⑦ 배경에 그라데이션이 적용되면 [삽입] 탭-[이미지] 그룹에서 **[온라인 그림]을 클릭**합니다.

⑧ [그림 삽입] 대화상자가 표시되면 **[Bing 이미지 검색]을 클릭**합니다.

⑨ **"곤충"를 검색**합니다.

⑩ 검색 결과가 표시되면 **[유형]을 클릭**한 후 **[투명]을 클릭**합니다. 그런다음 **원하는 이미지를 선택**한 후 **[삽입] 단추를 클릭**합니다.

⑪ 온라인 그림이 삽입되면 **크기 및 위치를 조절**합니다.

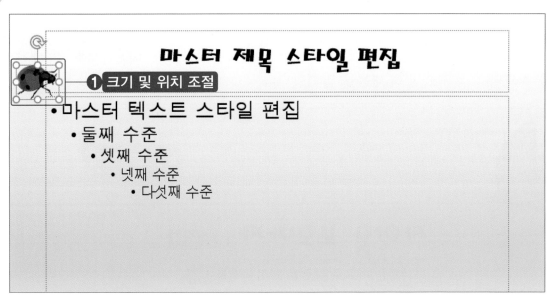

⑫ **[제목 슬라이드 레이아웃]을 클릭**한 후 [슬라이드 마스터] 탭-[배경] 그룹에서 **[배경 그래픽 숨기기]를 선택**합니다.

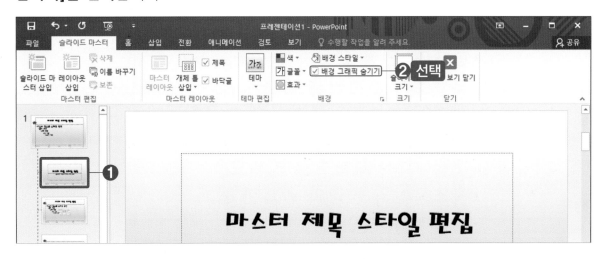

⑬ 같은 방법으로 **온라인 그림(나비)를 삽입**한 후 **크기 및 위치를 조절**합니다. 그런다음 [슬라이드 마스터] 탭-[닫기] 그룹에서 **[마스터 보기 닫기]를 클릭**합니다.

① 슬라이드 편집화면으로 돌아오면 **제목과 부제목을 입력**합니다. 그런다음 **[제목 및 내용] 슬라이드를 추가**한 후 다음과 같이 **내용을 입력**합니다.

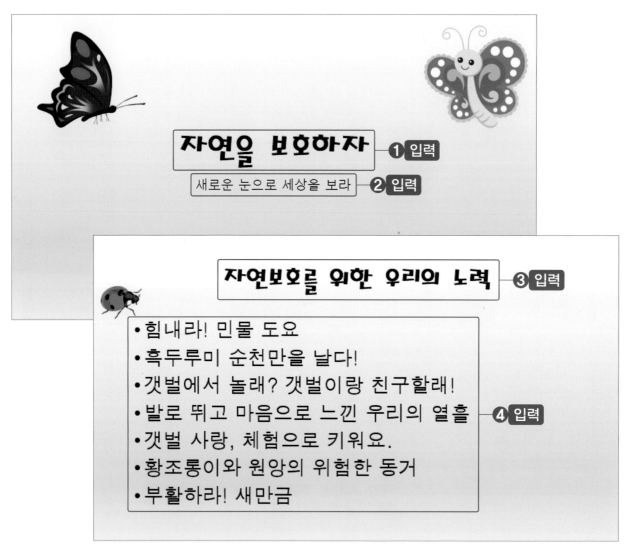

1 다음과 같이 슬라이드를 작성한 후 "달콤한 분식"으로 저장해 보세요.

❶ 배경 : 그라데이션 미리설정(밝은 그라데이션 - 강조 4)　　❷ 제목 : HY엽서M, 54pt

❸ 내용 : HY엽서L, 가[글꼴 크기 크게] - 2번 클릭

❹ 온라인 그림 : 유형(투명), 아이, 라면, 튀김

20 그림에 생명 불어넣기

◆ 애니메이션을 지정하는 방법에 대해 알아보겠습니다.
◆ 추가 이동 경로를 지정하는 방법에 대해 알아보겠습니다.

META 애니메이션 지정하기

① 파워포인트를 실행한 후 **[빈 화면] 레이아웃을 지정**합니다. 그런 다음 온라인 그림을 이용하여 다음과 같이 **거북, 토기, 강아지를 삽입**합니다.

② **[거북]을 선택**한 후 [애니메이션] 탭-[애니메이션] 그룹에서 [자세히]를 **클릭**한 다음 **[나타내기]를 클릭**합니다.

③ **[토끼]를 선택**한 후 [애니메이션] 탭-[애니메이션] 그룹에서 ⬇**[자세히]를 클릭**한 다음 **[크게/작게]를 클릭**합니다.

④ **[강아지]을 선택**한 후 [애니메이션] 탭-[애니메이션] 그룹에서 ⬇**[자세히]를 클릭**한 다음 **[회전]을 클릭**합니다.

◎ 애니메이션 효과

❶ **나타내기** : 개체의 등장 효과를 지정할 때 사용합니다.

❷ **강조** : 이미 나타나 있는 개체를 한 번 더 눈에 띄고 싶을 때 사용합니다.

❸ **끝내기** : 슬라이드 쇼의 진행 중에 슬라이드에 삽입되어 있는 개체를 사라지게 하고 싶다면 끝내기를 이용합니다.

META 움직이는 애니메이션 지정하기

① **[거북]을 선택**한 후 [애니메이션] 탭-[애니메이션] 그룹에서 ▾**[자세히]를 클릭**한 다음 **[추가 이동경로]를 클릭**합니다.

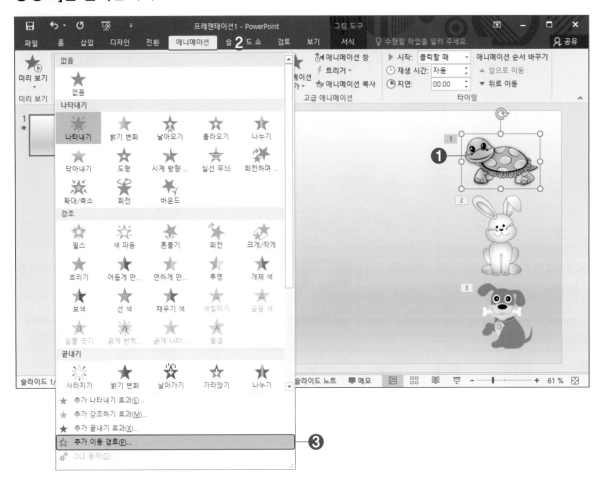

② [이동 경로 변경] 대화상자가 표시되면 [직선 및 곡선 경로] 항목의 **[왼쪽으로]를 선택**한 후 **[확인] 단추를 클릭**합니다.

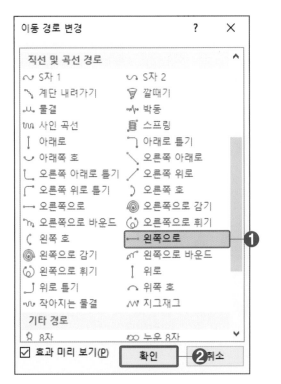

③ 이동 경로가 추가되면 **종료점을 드래그하여 선을 길게 작성**합니다.

① 드래그

Tip

Shift를 누른 상태에서 드래그하면 수평으로 선을 작성할 수 있습니다.

④ 같은 방법으로 **토끼, 강아지를 각각 선택**한 후 **추가 이동경로를 지정**합니다.

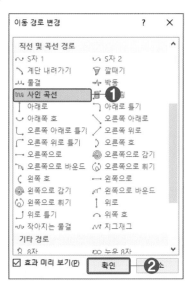

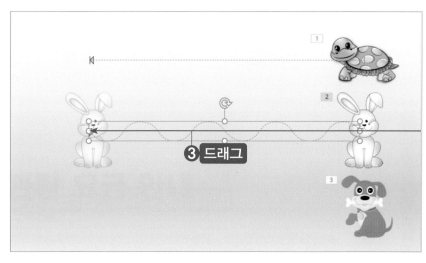

③ 드래그

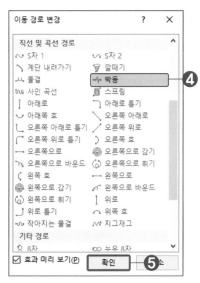

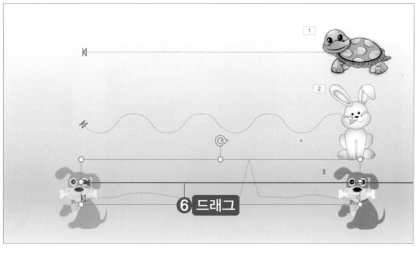

⑥ 드래그

⑤ 애니메이션을 미리 확인하기 위해 [애니메이션] 탭-[미리 보기] 그룹에서 **[미리 보기]**를 클릭합니다.

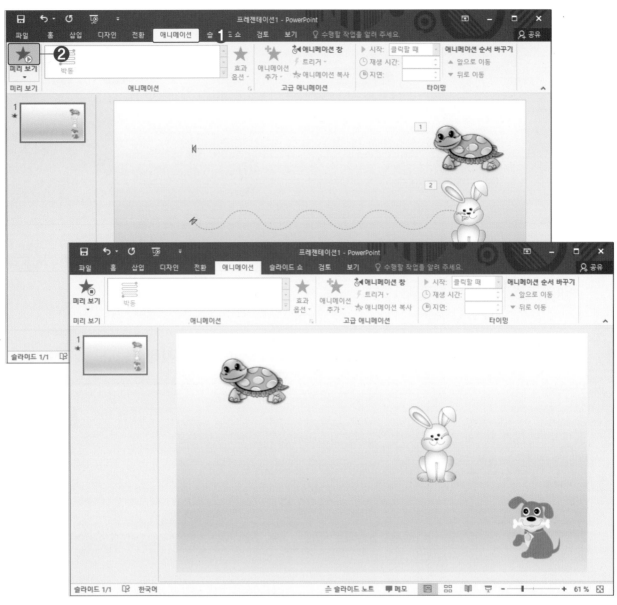

1 다음과 같이 슬라이드를 작성한 후 "운송 수단의 장기자랑"으로 저장해 보세요.

❶ 비행기 : 중성자　　❷ 자동차 : 오른쪽으로 감기　　❸ UFO : 깔때기　　❹ 기차 : 하트

2 다음과 같이 슬라이드를 작성한 후 "공룡이동"으로 저장해 보세요.

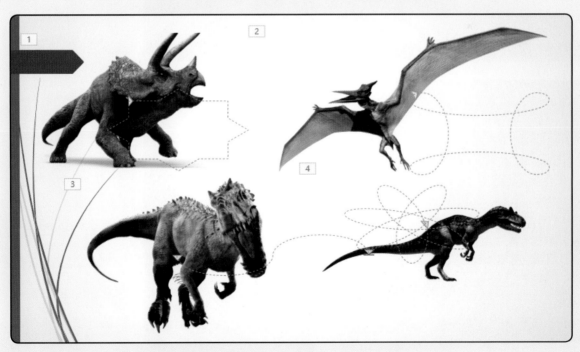

❶ 테마 : 줄기　　❷ 임의의 애니메이션 지정

21 슬라이드와 유튜브의 만남

◆ 슬라이드와 슬라이드를 연결하는 방법에 대해 알아봅니다.
◆ 슬라이드와 인터넷을 연결하는 방법에 대해 알아봅니다.

META 슬라이드와 슬라이드를 연결하기

① 파워포인트를 실행한 후 **[제목 슬라이드]와 [제목 및 내용] 슬라이드를 작성**합니다.

❶
❷ 정보의 바다 유튜브
❸ 유튜브 안내

❷ 유튜브 사이트 모음

❸ • sonsal-drawing : 펜화, 연필 스케치, 연필 소묘의 드로잉 채널

• 제이제이 튜브 : 아빠와 재미있게 노는 채널

• 유라야 놀자 : 장난감을 이용한 다양한 상황극과 자연 관찰, 동물 키우기 체험, 과학 실험등 유익한 채널

❶ 테마 : 다마스크   ❷ 제목 : HY견명조, 54pt   ❸ 부제목 및 내용 : 굴림, 32pt

② 실행 단추를 삽입하기 위해 **[제목 슬라이드]를 선택**한 후 [삽입] 탭-[일러스트레이션] 그룹에서 **[도형]을 클릭**한 다음 ▷**[실행 단추: 앞으로 또는 다음]을 클릭**합니다.

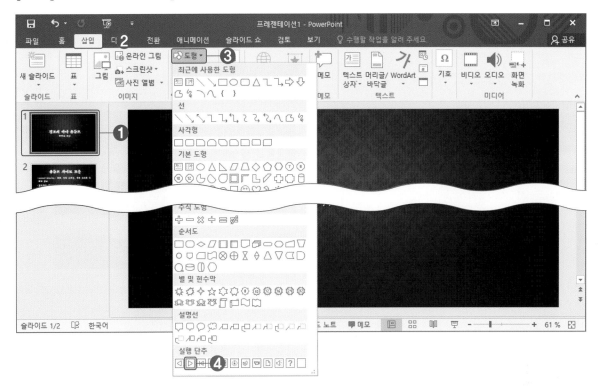

③ 마우스 포인터 모양이 변경되면 **드래그하여 실행 단추를 작성**합니다.

④ [실행 설정] 대화상자가 표시되면 **하이퍼링크(다음 슬라이드)를 확인**한 후 **[소리 재생]을 선택**한 다음 **[레이저]를 선택**하고 **[확인] 단추를 클릭**합니다.

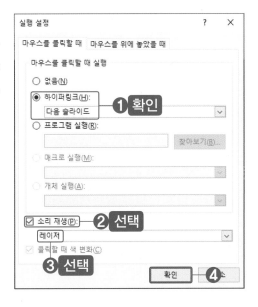

⑤ 실행 단추를 삽입하기 위해 **[제목 및 내용] 슬라이드를 선택**한 후 **[삽입] 탭-[일러스트레이션]** 그룹에서 **[도형]을 클릭**한 다음 ⬜**[실행 단추 : 시작]을 클릭**합니다.

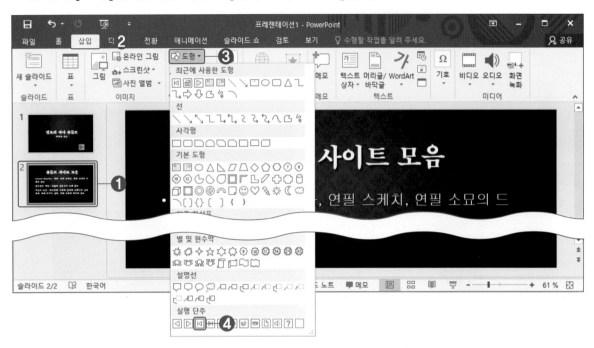

⑥ 마우스 포인터 모양이 변경되면 **드래그하여 실행 단추를 작성**합니다. 그런다음 [실행 설정] 대화상자가 표시되면 **하이퍼링크(첫째 슬라이드)를 확인**한 후 **[소리 재생]을 선택**한 다음 **[요술봉]을 선택**하고 **[확인] 단추를 클릭**합니다.

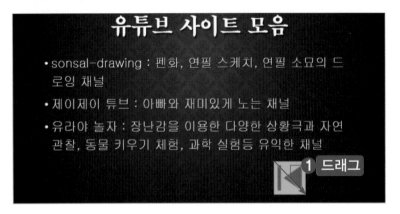
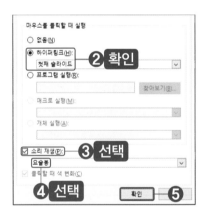

⑦ 같은 방법으로 ⬜**[실행 단추: 홈]을 작성**합니다. 그런다음 [실행 설정] 대화상자가 표시되면 **하이퍼링크(첫째 슬라이드)를 확인**한 후 **[소리 재생]을 선택**한 다음 **[박수]를 선택**하고 **[확인] 단추를 클릭**합니다.

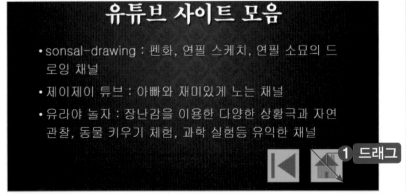

① **'sonsal-drawing'을 드래그하여 블록으로 설정**한 후 [삽입] 탭-[링크] 그룹에서 **[하이퍼링크]를 클릭**합니다.

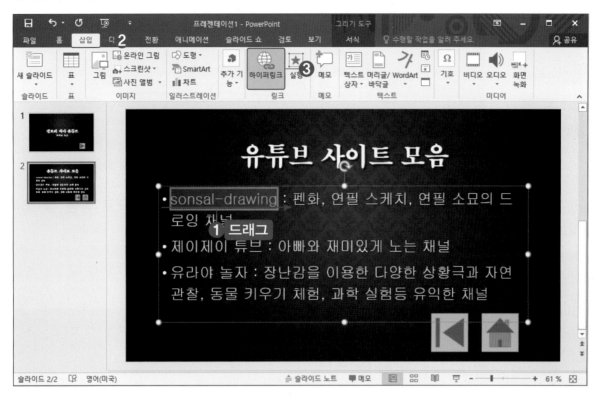

Tip

바로 가기 메뉴의 [하이퍼링크]를 클릭해도 됩니다.

② [하이퍼링크 삽입] 대화상자가 표시되면 [기존 파일/웹 페이지] 탭에서 **주소(https://www.youtube.com)를 입력**한 후 **[확인] 단추를 클릭**합니다.

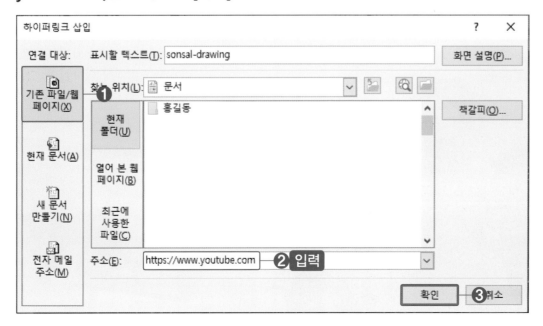

③ 하이퍼링크가 정상적으로 연결되는지 확인하기 위해 [슬라이드 쇼] 탭-[슬라이드 쇼 시작] 그룹에서 **[처음부터]를 클릭**합니다.

④ 슬라이드 쇼가 실행되면 **실행 단추 및 하이퍼링크를 클릭**하여 **정상적으로 이동 및 소리가 들리는지 확인**합니다.

1 '문화유산' 파일을 열고 슬라이드의 도형에 다음과 같이 하이퍼링크를 연결해 보세요.

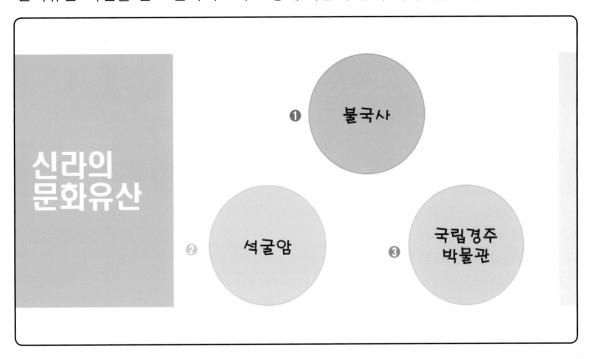

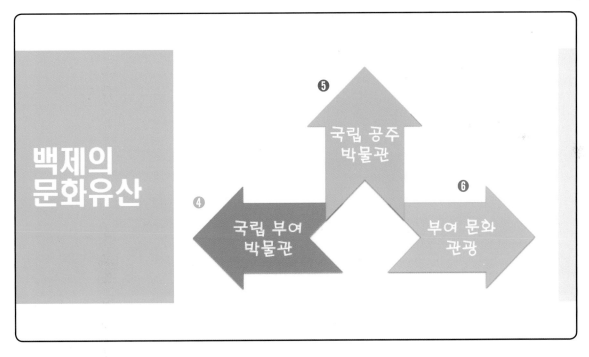

❶ 불국사 : http://www.bulguksa.or.kr
❷ 석굴암 : http://seokguram.org
❸ 국립경주박물관 : https://gyeongju.museum.go.kr
❹ 국립부여박물관 : https://buyeo.museum.go.kr
❺ 국립공주박물관 : https://gongju.museum.go.kr
❻ 부여문화관광 : https://www.buyeo.go.kr

22 슬라이드에 날개달기

◆ 화면 전환 효과를 지정하는 방법에 대해 알아보겠습니다.
◆ 슬라이드 쇼 형식으로 저장하는 방법에 대해 알아보겠습니다.

META 화면 전환 효과 지정하기

① 파워포인트를 실행한 후 테마를 지정하기 위해 [디자인] 탭-[테마] 그룹에서 ⊡[자세히]를 클릭한 다음 ▦[베를린]를 클릭합니다.

② 테마가 적용되면 다음 조건에 맞게 **슬라이드를 작성**합니다.

Tip

❶ 제목 : HY엽서M, 54pt
❷ 부제목 : 새굴림, 32pt
❸ 실행단추 : 다음 슬라이드, 레이저

Tip

(메타북스) 파포짱2016 폴더에서 '22_뽀롱이의 속담 풀이' 파일을 불러와 사용해도 됩니다.

① 가는 토끼 잡으려다 잡은 토끼 놓친다.

② • 욕심을 너무 크게 부려 한꺼번에 여러 가지를 하려다가 이미 이룬 일까지 실패로 돌아가고 하나도 못 이룬다는 말

③ ④

① 가늘고 길게 살기보다는 굵고 짧게 살겠다.

② • 그럭 저럭 보통 사람으로 사느니 큰 일을 치르고 단명 또는 실패하더라도 현실에 안주하지 않고 모험적이며 큰 일을 도모하며 살겠다는 뜻

③ ④

① 가마솥 밑이 노구솥 밑을 더럽다고 한다.

② • 가마솥 밑이나 노구솥 밑이나 검기는 같으니, 서로 흉볼 쳐지가 못 되면서도, 자신의 흉은 모르고 남의 흉만 본다는 뜻
• 남보다 잘못이나 결함이 많은 사람이 제 흉은 모르고 남의 잘못이나 흉을 본다는 것을 비유하는 말

③ ④

Tip

❶ 제목 : 휴먼모음T, 44pt   ❷ 부제목 : 에스코어 드림 3 Light, 36pt
❸ 실행 단추 : ◁[실행 단추: 뒤로 또는 이전], 북소리 / 실행 단추 : ▷[실행 단추: 앞으로 또는 다음], 레이저
❹ 실행 단추 : ◁[실행 단추: 뒤로 또는 이전], 북소리 / 실행 단추 : ⌂[실행 단추: 홈], 박수

③ 화면 전환을 지정하기 위해 [전환] 탭-[슬라이드 화면 전환] 그룹에서 ▾**[자세히]를 클릭**한 후 ▣**[확대/축소]를 클릭**합니다.

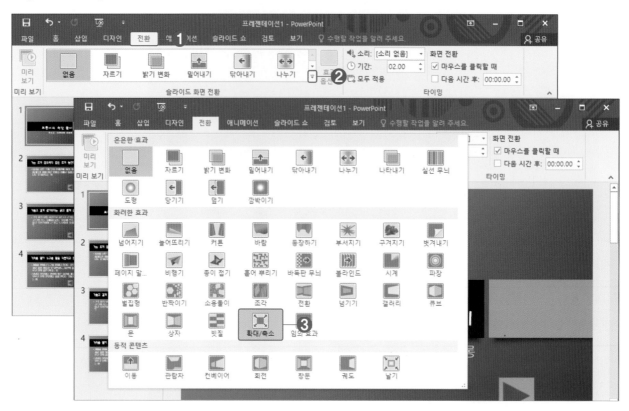

④ 화면 전환 효과가 지정되면 [전환] 탭-[타이밍] 그룹에서 **화면 전환 소리(카메라)를 선택**한 후 **[모두 적용]을 클릭**합니다.

화면 전환 효과가 적용되면 개요 및 슬라이드 창에 별 모양이 표시됩니다.

META 슬라이드 쇼를 바로 보기

① 작성한 문서를 슬라이드 쇼로 바로 볼 수 있도록 저장하기 위해 **[파일] 탭을 클릭**한 후 백스테이지(Backstage)로 전환되면 **[다른 이름으로 저장] 탭을 클릭**한 다음 **[찾아보기]를 클릭**합니다.

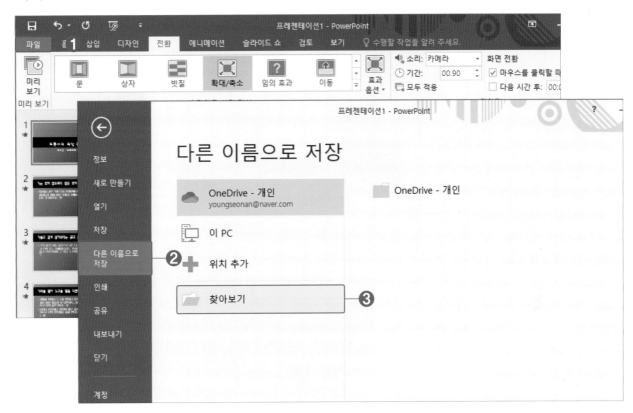

② [다른 이름으로 저장] 대화상자가 표시되면 **저장 위치(내 PC\문서\본인 이름)를 지정**한 후 **파일 이름(뽀롱이의 속담 풀이)를 입력**한 다음 **파일 형식(PowerPoint 쇼)를 선택**하고 **[저장] 단추를 클릭**합니다.

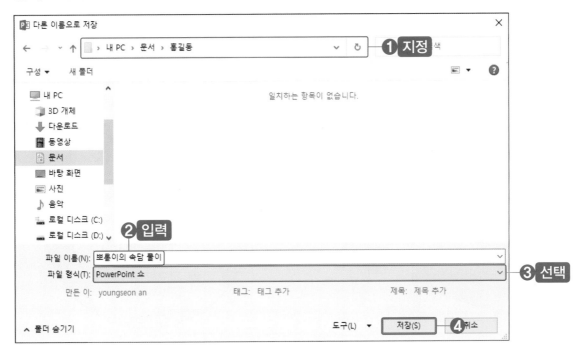

③ **파일 탐색기를 실행**한 후 저장 위치(**내 PC\문서\본인 이름**)로 이동한 다음 **파일(뽀롱이의 속 담 풀이)을 더블클릭**합니다.

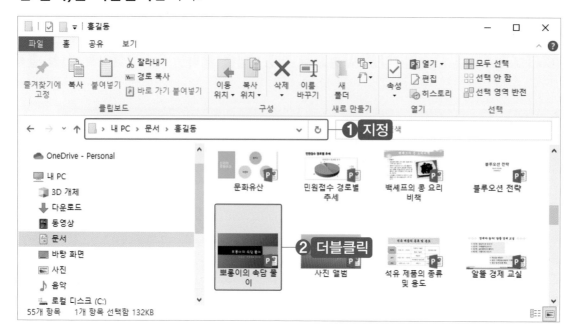

④ 다음과 같이 슬라이드 쇼가 바로 실행되는것을 확인할 수 있습니다.

1 다음과 같이 슬라이드를 작성한 후 "쌀이 우리 몸에 좋은 이유"로 저장해 보세요.

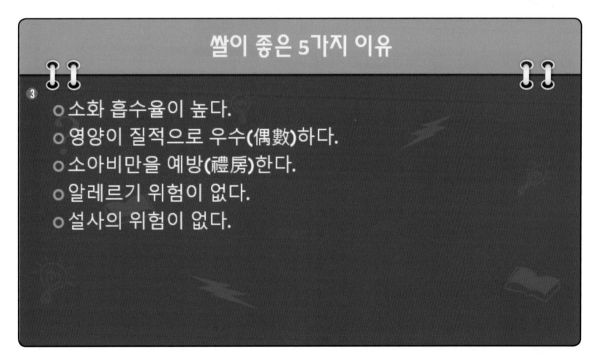

❶ 테마 : 어린이 테마　　　❷ 전환 : 시계, 바람　　　❸ 전환 : 반짝이기, 요술봉

23 동네의 자랑거리 답사 보고서

◆ 원하는 슬라이드만 인쇄하는 방법에 대해 알아보겠습니다.
◆ 유인물로 인쇄하는 방법에 대해 알아보겠습니다.
◆ 슬라이드 노트를 인쇄하는 방법에 대해 알아보겠습니다.

META 원하는 슬라이드만 인쇄하기

① 파워포인트를 실행한 후 **[다른 프레젠테이션 열기]를 클릭**합니다.

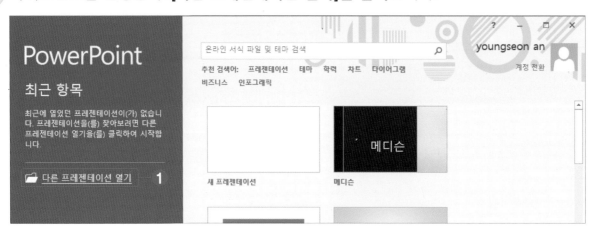

② [열기] 백스테이지(Backstage)로 전환되면 **[찾아보기]를 클릭**합니다.

③ [열기] 대화상자가 표시되면 **찾는 위치((메타북스) 파포짱2016)를 지정**한 후 **파일 이름(23_동네의 자랑거리 답사 보고서)을 선택**한 다음 **[열기] 단추를 클릭**합니다.

④ "23_동네의 자랑거리 답사 보고서" 파일이 실행되면 **슬라이드 내용을 확인**합니다.

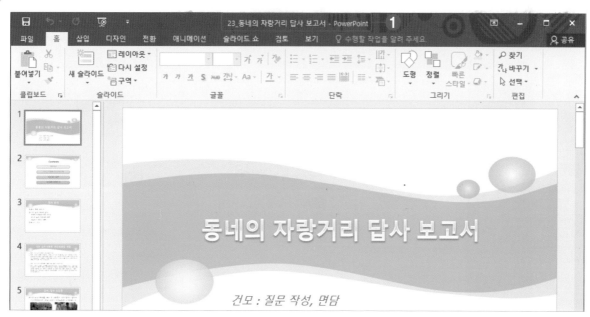

⑤ **첫 번째 슬라이드를 클릭**한 후 Ctrl을 누른 상태에서 **세 번째 슬라이드와 다섯 번째 슬라이드를 클릭**하여 비연속적인 슬라이드를 선택합니다.

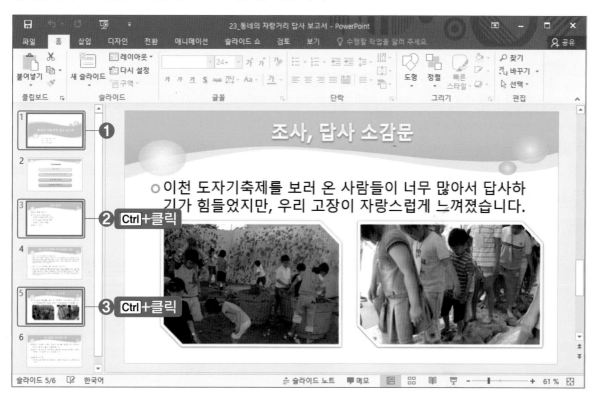

Tip

• 연속적인 슬라이드 선택 : 첫 번째 슬라이드를 선택한 후 Shift를 누른 상태에서 마지막 슬라이드를 선택합니다.
• 비연속적인 슬라이드 선택 : 슬라이드를 선택한 후 Ctrl을 누른 상태에서 다른 슬라이드를 선택합니다.
• 모든 슬라이드 선택 : Ctrl+A를 누르거나 [홈] 탭-[편집] 그룹에서 [선택]을 클릭한 후 [모두 선택]을 클릭합니다.

⑥ **[파일] 탭을 클릭**한 후 백스테이지(Backstage)로 전환되면 **[인쇄] 탭을 클릭**합니다. 그런다음
[모든 슬라이드 인쇄]를 클릭한 후 **[선택 영역 인쇄]를 선택**한 다음 **[인쇄] 단추를 클릭**합니다.

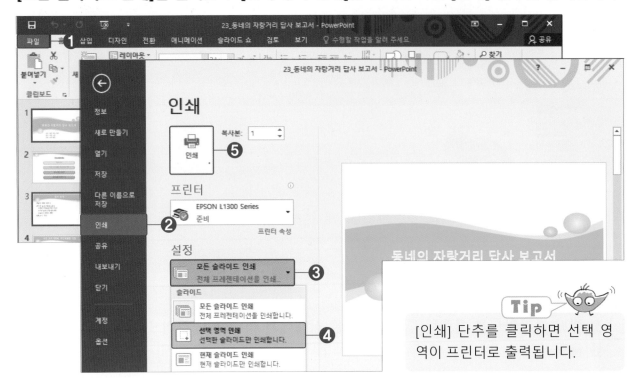

[인쇄] 단추를 클릭하면 선택 영역이 프린터로 출력됩니다.

META 유인물 인쇄하기

① **[파일] 탭을 클릭**한 후 백스테이지(Backstage)로 전환되면 **[인쇄] 탭을 클릭**합니다. 그런다음
인쇄 대상(**모든 슬라이드 인쇄**)을 **선택**한 후 **[전체 페이지 슬라이드]를 클릭**한 다음 **[3슬라
이드]를 클릭**합니다.

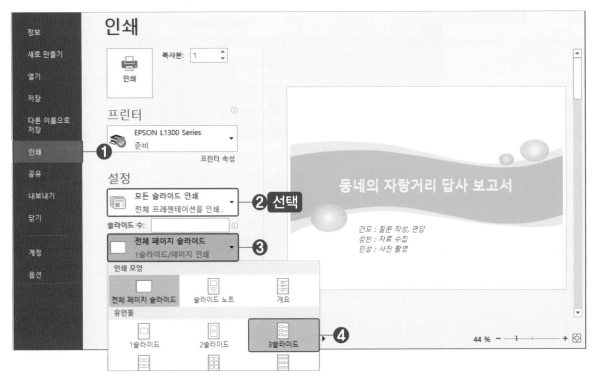

② 한 페이지에 넣을 슬라이드 수에 맞춰 유인물 페이지가 나타납니다. **[인쇄]를 클릭**하면 프린터로 출력됩니다.

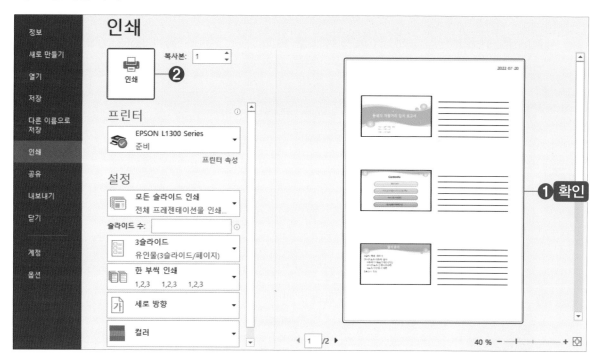

META 슬라이드 노트 인쇄하기

① 슬라이드 노트 창에 프레젠테이션 발표시 참고할 내용을 입력하기 위해 **첫 번째 슬라이드를 클릭**한 후 **[슬라이드 노트]를 클릭**합니다.

② [슬라이드 노트] 창이 표시되면 **크기를 조절**한 후 **발표할 내용을 입력**합니다.

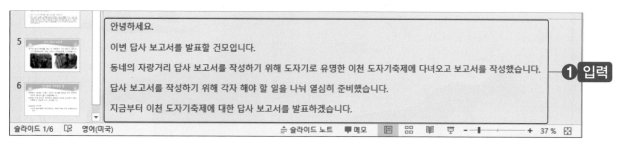

안녕하세요.
이번 답사 보고서를 발표할 건모입니다.
동네의 자랑거리 답사 보고서를 작성하기 위해 도자기로 유명한 이천 도자기축제에 다녀오고 보고서를 작성했습니다.
답사 보고서를 작성하기 위해 각자 해야 할 일을 나눠 열심히 준비했습니다.
지금부터 이천 도자기축제에 대한 답사 보고서를 발표하겠습니다.

③ **[파일] 탭을 클릭**한 후 백스테이지(Backstage)로 전환되면 **[인쇄] 탭을 클릭**합니다. 그런다음 **인쇄 대상(현재 슬라이드 인쇄) 및 인쇄 모양(슬라이드 노트)을 선택**한 후 **[인쇄]를 클릭**합니다.

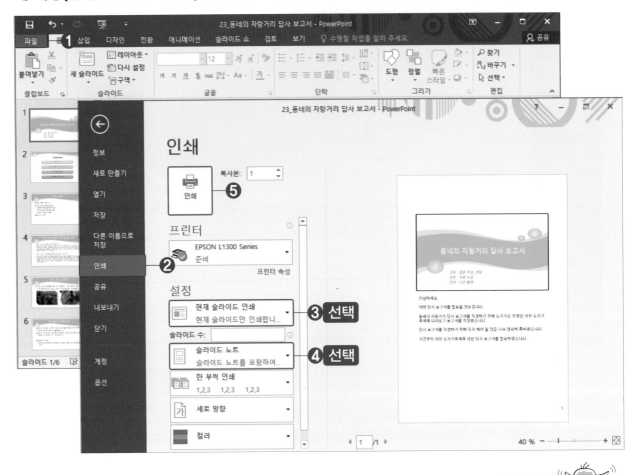

Tip

슬라이드 노트의 준비는 필수적이지만 발표를 슬라이드 노트에만 의존해 진행하면 자신감 없는 발표로 보일 수 있기 때문에 사전에 충분히 연습을 한 후 유사시에만 사용합니다.

1 "23_조상들의 먹거리.pptx" 파일을 열고 다음과 같이 인쇄해 보세요.

❶ 인쇄 대상 : 모든 슬라이드 인쇄　　❷ 인쇄 모양 : 유인물(6슬라이드 가로)
❸ 용지 방향 : 가로 방향

❶ 인쇄 대상 : 모든 슬라이드 인쇄　　❷ 인쇄 모양 : 개요　　❸ 용지 방향 : 가로 방향

24 뉴턴도 못 푸는 문제를 내가 풀어보자~

① 파워포인트를 실행한 후 [보기] 탭-[마스터 보기] 그룹에서 [슬라이드 마스터]를 클릭합니다.

② 마스터 편집화면 표시되면 [Office 테마 슬라이드 마스터]를 클릭한 후 작업 슬라이드에서 바로가기 메뉴의 [배경 서식]을 클릭한 다음 그라데이션 채우기를 선택하고 그라데이션 미리 설정(밝은 그라데이션 - 강조 1)을 선택한 후 [닫기] 그룹의 [마스터 보기 닫기]를 클릭합니다.

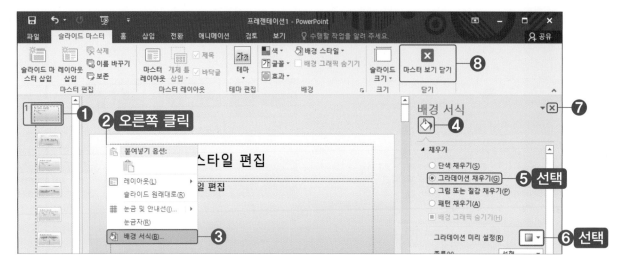

③ [삽입] 탭-[이미지] 그룹에서 [온라인 그림]을 클릭한 후 다음과 같이 '화분'을 삽입합니다.

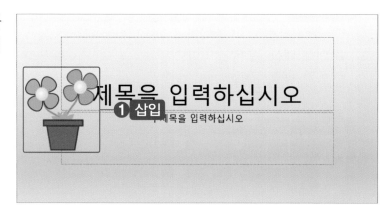

④ 제목(아기 새싹 별이)을 입력한 후 텍스트 상자를 선택한 다음 [홈] 탭-[글꼴] 그룹에서 글꼴(휴먼매직체)과 글꼴 크기(60)를 지정합니다.

⑤ 부제목 텍스트 상자를 삭제한 후 [삽입] 탭-[일러스트레이션] 그룹에서 [도형]을 클릭한 다음 ▷[실행 단추: 앞으로 또는 다음]을 클릭하고 드래그하여 작성합니다.

⑥ [실행 설정] 대화상자가 표시되면 하이퍼링크(다음 슬라이드)를 확인한 후 [소리 재생]을 선택한 다음 [요술봉]을 선택하고 [확인] 단추를 클릭합니다.

 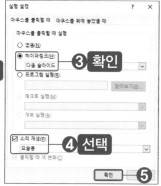

⑦ 새 슬라이드를 추가한 후 다음과 같이 슬라이드를 작성합니다.

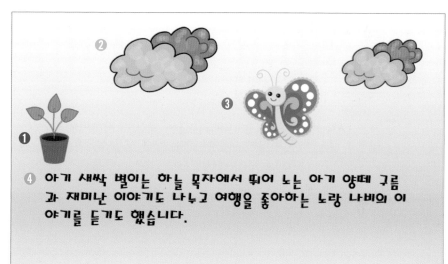

❶ 온라인 그림 : 화분
❷ 온라인 그림 : 구름
❸ 온라인 그림 : 나비
❹ 휴먼매직체, 36pt

⑧ ▷[실행 단추: 앞으로 또는 다음]을 작성한 후 [실행 설정] 대화상자가 표시되면 하이퍼링크를 확인한 후 [소리 재생]을 선택한 다음 [요술봉]을 선택하고 [확인] 단추를 클릭합니다.

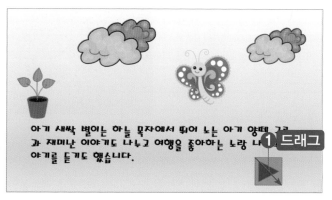 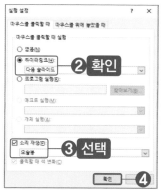

⑨ 같은 방법으로 세 번째 슬라이드를 추가한 후 내용을 입력한 다음 실행 단추를 작성합니다.

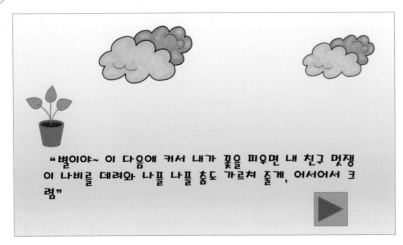

⑩ 같은 방법으로 네 번째 슬라이드를 추가한 후 내용을 입력한 다음 실행 단추를 작성합니다.

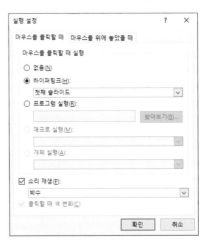

지식백과!

◎ **아이작 뉴턴(Sir Isaac Newton)**

인류 역사상 과학혁명에 있어서 가장 압도적인 공헌을 한 위대한 학자이다. 2대 케임브리지 대학교 루카스 석좌교수, 신학자이며 종교학자이다.

인류 역사상 가장 위대한 지성인으로 꼽을 수 있는 인물이다. 수학에서 미적분법 창시, 물리학에서 관성질량, 중력질량 같은 질량이라는 비례상수 개념을 처음으로 제대로 확립하며 후대 과학을 파격적으로 발전시킨 뉴턴 역학 체계 확립, 이것에 표시된 수학적 방법 등은 자연과학의 모범이 되었고, 사상면에서도 역학적 자연관은 후세에 커다란 영향을 끼쳤다. 이후 뉴턴 역학(고전역학)은 알베르트 아인슈타인의 등장 전까지 과학계의 가장 큰 거목으로 자리잡게 된다. 이러한 업적으로 고금 3대 수학자 중 한 사람으로 꼽힌다.

특별부록

SELF STUDY BOOK

Powerpoint 2016

블루오션 전략

BLUE OCEAN
STRATEGY

1장

추석이란

• 시기 : 매년 음력 8월 15일
• 유래 : 신라시대 때 부녀자들이 길쌈으로 승부를 내어 잔치를 하던 것에서 비롯
• 추석의 음식 : 송편, 토란 국, 율란, 배숙 등
• 추석의 민속놀이 : 강강술래, 씨름, 소싸움, 가마 싸움 등

2장

초상화

■두상(頭像) : 머리를 중심으로 표현
■흉상(胸像) : 머리를 중심으로 가슴 부분까지 표현
■半身像(반신상) : 상반신만 표현
■全身像(전신상) : 몸 전체를 모두 표현

3장

달의 순 우리말

• 1월 : 해오름달   • 7월 : 만남달
• 2월 : 시샘달   • 8월 : 타오름달
• 3월 : 물오름달   • 9월 : 열매달
• 4월 : 잎새달   • 10월 : 하늘연달
• 5월 : 푸른달   • 11월 : 미틈달
• 6월 : 누리달   • 12월 : 매듭달

4장

한살이를 관찰할 동물 정하기

• 기를 장소(?)를 생각합니다.
• 구입 가능 여부를 생각합니다.
• 기르는 비용(💰)을 생각합니다.
• 기르기 쉬운 정도를 생각합니다.
• 한살이 기간을 생각합니다.

5장

새끼를 낳는 동물 알아보기

❖종류
  박쥐, 고래, 돼지, 다람쥐, 토끼, 말, 사슴 등

❖특징
  ① 새끼로 태어납니다.
  ② 젖을 먹고 자랍니다.
  ③ 이빨이 나고 먹이를 먹기 시작합니다.

6장

노비안검법과 노비환천법

▶ 노비안검법(奴婢按檢法)
  □ 노비가 아니었던 전쟁 포로나 빚으로 강제 노비가 된 자를 이전의 상태로 돌아가게 하는 법

▶ 노비환천법(奴婢還賤法)
  □ 호족 세력들이 신분질서를 문란케하고 국가를 위기에 빠뜨린다는 이유로 노비안검법 이전의 노비 상태로 되돌아 갈 것을 명령하는 법

7장

고려시대 군사조직

렉스초등학교

8장

고려시대 군사조직

❖중앙군
  ▶ 2군(응양군, 용호군)
  ▶ 6위(좌우위, 신호위, 흥위위, 금오위, 천우위, 감문위)
❖지방군
  ▶ 주현군(보승군, 정용군, 일품군)
  ▶ 주진군(초군, 좌군, 우군)
❖특수군
  ▶ 광군, 별무관, 삼별초, 연호군

Chapter

01

아~아~ 방송을 시작하겠습니다.

● 슬라이드를 작성하는 방법

블루오션 전략

BLUE OCEAN
STRATEGY

목차

• 블루오션 전략의 개념
• 블루오션 성공 사례
• 전략캔버스의 적용
• 블루오션 전략의 실행

Chapter 2 · 알록달록 프레젠테이션 문서 꾸미기

● 내용을 입력한 후 글꼴 및 글꼴 속성, 글꼴 색을 지정하는 방법

설정 사항

❶ 제목 : 궁서체, 54pt,
글꼴 색(녹색, 강조 6)
❷ 본문 : 궁서체, 36pt
❸ 글꼴 색(파랑, 강조 5)
❹ 글꼴 색(주황, 강조 2),
갸[밑줄]
❺ 글꼴 색(주황, 강조 2)
❻ 글꼴 색(녹색, 강조 6),
갸[기울임꼴]

❶ 추석이란

❷❸ 시기 : 매년 음력 8월 15일
❹ 유래 : 신라시대 때 부녀자들이 길쌈으로 승부
를 내어 잔치를 하던 것에서 비롯
❺ 추석의 음식 : 송편, 토란 국, 율란, 배숙 등
❻ 추석의 민속놀이 : 강강술래, 씨름, 소싸움, 가
마 싸움 등

Chapter 3 · 세련된 슬라이드로 유튜버 뽐내기

● 테마를 지정한 후 한자를 변환하는 방법

설정 사항

❶ 테마 : 줄기
❷ 제목 : 궁서, 60pt
❸ 내용 : 돋움, 36pt

❶
❷ 초상화

❸ ▶두상(頭像) : 머리를 중심으로 표현
▶흉상(胸像) : 머리를 중심으로 가슴 부분
까지 표현
▶半身像(반신상) : 상반신만 표현
▶全身像(전신상) : 몸 전체를 모두 표현

태어난 달을 상징하는 보석

● 텍스트 상자의 크기 및 위치를 이동한 후 색을 지정하는 방법

설정 사항

❶ 테마 : 배지

❷ 휴먼아미체, 60pt, 굵게,
기울임, 텍스트 그림자
도형 채우기(노랑)

❸ HY엽서L, 32pt,
도형 채우기(빨강, 강조
5, 80% 더 밝게)

❶
❷ *달의 순 우리말*

❸
• 1월 : 해오름달
• 2월 : 시샘달
• 3월 : 물오름달
• 4월 : 잎새달
• 5월 : 푸른달
• 6월 : 누리달

• 7월 : 만남달
• 8월 : 타오름달
• 9월 : 열매달
• 10월 : 하늘연달
• 11월 : 미틈달
• 12월 : 매듭달

유튜버 소개서 만들기

● 기호 및 온라인 그림을 삽입하는 방법

설정 사항

❶ 테마 : 깊이

❷ HY견고딕, 54pt

❸ 돋움, 36pt

❹ 온라인 그림(매미)

❶
❷ **한살이를 관찰할 동물 정하기**

❸• 기를 장소(**?**)를 생각합니다.
• 구입 가능 여부를 생각합니다.
• 기르는 비용(💲)을 생각합니다.
• 기르기 쉬운 정도를 생각합니다.
• 한살이 기간을 생각합니다.

요리 쿡! 조리 쿡!

●글머리 기호 및 번호 매기기를 지정하는 방법
●그림을 삽입 및 그림 스타일을 지정하는 방법

설정 사항

❶ 테마 : 교육 테마

❷ 32pt, 28pt

❸ 그림(고래),
   그림 스타일(회전, 흰색)

---

❶ ○○ ○ **새끼를 낳는 동물 알아보기** ○○○

❷ ❖종류
  ① 박쥐, 고래, 돼지, 다람쥐, 토
     끼, 말, 사슴 등

  ❖특징
  ① 새끼로 태어납니다.
  ② 젖을 먹고 자랍니다.
  ③ 이빨이 나고 먹이를 먹기 시
     작합니다.

❸

신비로운 색의 슬라이드 만들기

●온라인 그림을 삽입 및 글머리 기호에 지정하는 방법

설정 사항

❶ 테마 : 메모 테마

❷ 궁서, 48pt, 굵게

❸ 온라인 그림(글머리)

---

❶ ➡ ❷ **노비안검법과 노비환천법**

❸ ➤ 노비안검법(奴婢按檢法)
  ▫ 노비가 아니었던 전쟁 포로나 빚으로 강제 노비가 된 자를 이전
    의 상태로 돌아가게 하는 법

  ➤ 노비환천법(奴婢還賤法)
  ▫ 호족 세력들이 신분질서를 문란케하고 국가를 위기에 빠뜨린다
    는 이유로 노비안검법 이전의 노비 상태로 되돌아 갈 것을 명령
    하는 법

설정
사항
❶ 테마 : 디지털 테마
❷ HY헤드라인M, 54pt, 굵게, 텍스트 그림자
❸ 굴림, 24pt, 굵게

설정
사항
❹ HY헤드라인M, 54pt, 굵게, 텍스트 그림자
❺ 굴림, 32pt, 굵게, 글머리 기호(온라인 그림 - 군사)
❻ 굴림, 28pt

❹ **고려시대 군사조직**

❺ ✷ **중앙군**
   ❻ ➢ 2군(응양군, 용호군)
     ➢ 6위(좌우위, 신호위, 흥위위, 금오위, 천우위, 감문위)
   ✷ **지방군**
     ➢ 주현군(보승군, 정용군, 일품군)
     ➢ 주진군(초군, 좌군, 우군)
   ✷ **특수군**
     ➢ 광군, 별무관, 삼별초, 연호군

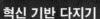

혁신 기반 다지기

- 공공 서비스 확충
- 공무원 체질 개선
- 업무 프로세서 개선
- 찾아가는 서비스

국가 기반 시설 견학 프로그램
민원 철차 간소화
온라인 민원 시행
혁신 프로그램 침어

9장

백제 문화의 일본 전파

한학 / 한학 유학
백제 / 백제의 학문 → 일본
논어 천자문 / 천문 역법 지리

10장

리코더 세상

▶ 바른 자세로 리코더 연주해보기
  ▶ '시, 라, 솔'의 음의 운지법에 따라 정식으로 악곡을 연주해 봅시다.
  ▶ 리코더 구멍을 막을 때 손가락의 힘을 빼고 달걀을 쥐는 모양으로 만들어 연주합니다.

11장

우리는 단짝

대상 1	대상 2	상황
할머니	바늘	할머니께서 바늘로 옷을 꿰매고 계십니다.
꽃	사진	꽃을 들고 사진을 찍었습니다.
인형	동생	동생에게 인형을 선물로 사 주셨습니다.

12장

유리의 원료

	기능별 분류	기능
주원료	산성화 물질	기본 구조
	염기성 산화물	기본 성질 변화
부원료	산화제	산화 작용
	착색제	색상 결정

13장

게임 유튜버 순위

순위	캐릭터	유튜브	구독자
1		도티TV	236만명
2		양띵 유튜브	168만명
3		대도서관TV	159만명

14장

개구리의 한살이

알 → 올챙이 → 올챙이 → 올챙이 → 개구리

15장

영화의 날 기념 시사회
반지의제왕

16장

영화의 날 기념 특별 시사회

presented by

Chapter

9

도형으로 무엇이든 만들기

● 도형을 작성한 후 색을 변경하는 방법

설정 사항

❶ 테마 : 천체
❷ HY견고딕, 54pt
❸ 돋움, 28pt

❶
❷ **혁신 기반 다지기**

❸ 공공 서비스 확충

공무원 체질 개선

업무 프로세서 개선

찾아가는 서비스

국가 기반 시설 견학 프로그램
민원 철차 간소화
온라인 민원 시행
혁신 프로그램 참여

Chapter 10

주사위 만드는 영상 만들기

● 도형을 작성한 후 회전 및 도형 스타일을 지정하는 방법

설정 사항

❶ 테마 : 패싯
❷ HY궁서B, 54pt
❸ 돋움, 24pt, 굵게
　도형 스타일

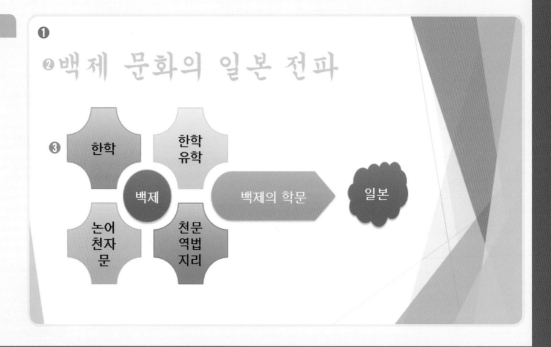

① ❷백제 문화의 일본 전파

❸ 한학 / 한학 유학 / 백제 / 백제의 학문 → 일본 / 논어 천자 문 / 천문 역법 지리

Chapter 11

멋진 제목의 진수

● 워드아트(WordArt)를 삽입하고 편집하는 방법

설정 사항

❶ 테마 : 심플 테마
❷ 워드아트, 물결2
❸ 온라인 그림(리코더),
　[둥근 대각선 모서리,
　흰색]
❹ 굴림, 36pt, 32pt

① ❷ **리코더 세상**

❸

❹
▶ 바른 자세로 리코더 연주해보기

　▶ '시, 라, 솔'의 음의 운지법에 따라
　　정식으로 악곡을 연주해 봅시다.

　▶ 리코더 구멍을 막을 때 손가락의
　　힘을 빼고 달걀을 쥐는 모양으로
　　만들어 연주합니다.

유명한 유튜버되기 프로젝트

● 표를 삽입한 후 편집하는 방법

설정 사항

❶ 테마 : 자연주의

❷ HY견고딕, 54pt

❸ 맑은 고딕, 28pt

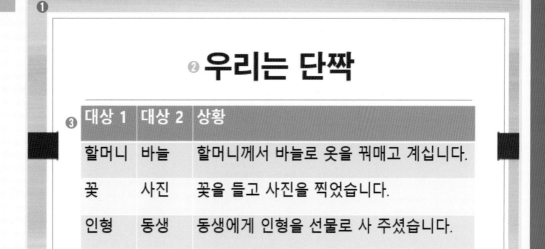

❶

❷ **우리는 단짝**

❸

대상 1	대상 2	상황
할머니	바늘	할머니께서 바늘로 옷을 꿰매고 계십니다.
꽃	사진	꽃을 들고 사진을 찍었습니다.
인형	동생	동생에게 인형을 선물로 사 주셨습니다.

도자기 한마당 방송하기

● 표를 삽입한 후 편집하는 방법

설정 사항

❶ HY그래픽M, 54pt, 질감(꽃다발)

❷ 맑은 고딕, 24pt

❸ 맑은 고딕, 24pt

❹ 맑은 고딕, 24pt,

※ 임의의 색 지정

❶ **유리의 원료**

❷ 기능별 분류　　　　기능

❸ 주원료　　❹

	산성화 물질	기본 구조
주원료	염기성 산화물	기본 성질 변화
부원료	산화제	산화 작용
	착색제	색상 결정

Chapter 14 최고의 명견을 뽑는 자리

● 표에 그림 삽입 및 그라데이션을 지정하는 방법

설정 사항

❶ 테마 : 메모 테마
❷ 워드아트, 원통 위
❸ HY그래픽M, 28pt
  그림 : 도티TV, 양띵 유튜브, 대도서관TV

❶ ❷ 게임 유튜버 순위

❸ 순위	캐릭터	유튜브	구독자
1		도티TV	236만명
2		양띵 유튜브	168만명
3		대도서관TV	159만명

Chapter 15 생태계 보호에 대한 영상찍기

● 스마트 아트를 삽입한 후 색을 변경하는 방법

설정 사항

❶ 휴먼옛체, 54pt
❷ 색상형 범위 – 강조색 5 또는 6
❸ 그림 : 개구리 1 ∼ 5

❶ 개구리의 한살이

알　올챙이　올챙이　올챙이　개구리

설정 사항
❶ 테마 : 기본
❷ 맑은 고딕, 66pt, 굵게
❸ 굴림, 32pt

❶

❷ # 영화의 날 기념 시사회

❸ 반지의제왕

설정 사항
❹ 휴먼엑스포, 54pt
❺ 동영상 : 반제의제왕

❹ # 영화의 날 기념 특별 시사회

❺

presented by

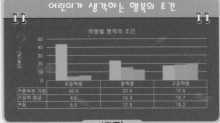

17장

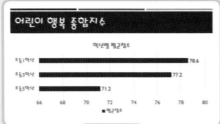

18장

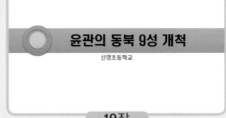

19장

20장

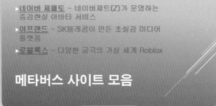

21장

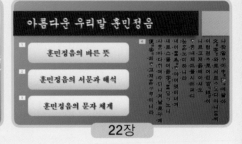

22장

23장

24장

어린이의 건강 상태 방송하기

17

- 차트를 삽입하고 옵션을 변경하는 방법

설정 사항

❶ 테마 : 어린이 테마

❷ 휴먼매직체, 48pt

❸ 빠른 레이아웃(레이아웃 5), HY중고딕, 20pt

	초등학생	중학생	고등학생
행복한 가정	43.6	23.5	17.5
성적 향상	4.6	15.4	18.7
돈	5.6	12.8	19.2

살기 좋은 우리나라

● 차트를 삽입하고 옵션을 변경하는 방법

설정 사항

❶ 테마 : 분할

❷ 휴먼매직체, 54pt

❸ 휴먼매직체, 24pt,
데이터 레이블

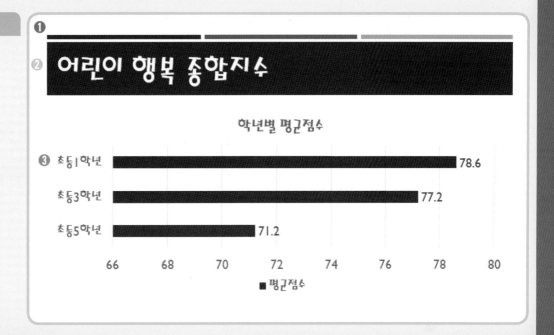

지구를 살리는 자연보호

● 슬라이드 마스터를 지정하는 방법

설정 사항

❶ 슬라이드 마스터에서
도형 작성

❷ HY헤드라인M, 54pt

❸ HY헤드라인M, 44pt

❹ 맑은 고딕, 32pt

❺ 온라인 그림(윤관)

❶　❷

윤관의 동북 9성 개척

신영초등학교

❸
윤관의 동북 9성 개척

❹ •1104년 여진이 강력하게 성장하자 이를 토벌하기 위해
북방에 진출했으나 실패

•여진 정벌을 위한 별무반이라는 부대를 창설

•기병인 시기군, 보병인 신보군, 승병인 항마군으로 구성
및 훈련

❺

그림에 생명 불어넣기

● 전환 및 애니메이션 이동 경로를 지정하는 방법

설정 사항

❶ 사과(선–아래로)

❷ 사과(오른쪽으로 바운드)

※ 온라인 그림(사람, 사과, 사과나무)

슬라이드와 유튜브의 만남

● 슬라이드 이동 및 인터넷을 연결하는 방법

설정 사항

❶ 테마 : 슬라이스

❷ HY견고딕, 54pt

❸ 굴림, 32pt

❶

❸ <u>네이버 제페토</u> – 네이버제트(Z)가 운영하는 증강현실 아바타 서비스

▶ <u>이프랜드</u> – SK텔레콤이 만든 초실감 미디어 플랫폼

▶ <u>로블록스</u> – 다양한 궁극의 가상 세계 Roblox

❷ 메타버스 사이트 모음

하이퍼링크   네이버 제페토 : https://zepeto.me/

이프랜드 : https://www.ifland.io/

로블록스 : https://www.roblox.com/

Chapter 22 — 슬라이드에 날개달기

● 화면 전환 효과를 지정한 후 슬라이드 쇼를 진행하는 방법

설정 사항

❶ 테마 : 베를린
전환 : 나누기

❷ 궁서, 48pt

❸ HY견명조, 32pt,
애니메이션(날아오기)

❹ 온라인 그림(훈민정음),
애니메이션(실선 무늬)

❷ 아름다운 우리말 훈민정음

❸ 훈민정음의 바른 뜻

❷ 훈민정음의 서문과 해석

❸ 훈민정음의 문자 체계

❹ 나랏말ᄊᆞ미 中듕國귁에 달아 文문字ᄍᆞ와로 서르 ᄉᆞᄆᆞᆺ디 아니ᄒᆞᆯᄊᆡ 이런 젼ᄎᆞ로 어린 百ᄇᆡᆨ姓셩이 니르고져 ᄒᆞ ᇙ배 이셔도 ᄆᆞ᷑ᄎᆞᆷ내 제ᄠᅳ들 시러 펴디 몯ᄒᆞᇙ 노미 하니라 내 이ᄅᆞᆯ 為윙ᄒᆞ야 어엿비 너겨 새로 스믈 여듧 字ᄍᆞᆼᄅᆞᆯ ᄆᆡᇰᄀᆞ노니 사ᄅᆞᆷ마다 ᄒᆡ᷁여 수ᄫᅵ니겨 날로 ᄡᅮ메 便뼌安ᅙᅡᆫᅙᅵ ᄒᆞ고져 ᄒᆞᇙᄯᆞᄅᆞ미니라

Chapter 23 — 동네의 자랑거리 답사 보고서

● 원하는 슬라이드 및 유인물, 슬라이드 노트 등을 인쇄하는 방법

설정 사항

❶ 테마 : 심플 테마

❷ Broadway, 48pt

❸ Arial, 32pt

❹ 온라인 그림(친구)

※ 슬라이드를 작성한 후
슬라이드 노트를 인쇄

❷ **The Hello Song**

❸ ▶ Hello, Zeeto. Hello!
▶ My name is Mina. (Hello!)
▶ Hello, Zeeto. Hello!
▶ My name is Minsu. (Hello!)
▶ Bye, bye, Zeeto. Bye, bye.
▶ Bye, bye, Zeeto. Bye, bye.
(Bye, bye!)

슬라이드 노트

Hello, Zeeto. Hello!	안녕, 지토, 안녕!
My name is Mina. (Hello!)	내 이름은 미나야. (안녕!)
My name is Minsu. (Hello!)	내 이름은 민수야. (안녕!)
Bye, bye, Zeeto. Bye, bye.	잘가, 잘가, 지토, 잘가, 잘가
Bye, bye, Zeeto. Bye, bye. (Bye, bye!)	잘가, 잘가, 지토, 잘가, 잘가. (잘가, 잘가!)

작품 만들기

설정 사항

① **제목** : HY견고딕
② **내용** : 맑은 고딕, 28pt
③ **온라인 그림** : 연극
④ **실행 단추** : 뒤로 또는 이전, 앞으로 또는 다음, 홈

① 어린이 공연
극단 안내

① 어린이 극단 안내
• 극단 사다리 ②
• 극단 놀이터
• 극단 서울 ③

④

하이퍼링크

극단 사다리 : [현재 문서]–[극단 사다리]
극단 놀이터 : [현재 문서]–[극단 놀이터]

극단 사다리

• 극단 사다리는 '놀이로써의 연극'을 내세워 인형 놀이와 신체 표현 놀이등을 공연에 도입한 어린이 극단.

극단 놀이터

• 한국국제아동 청소년 연극협회 정회원 단체
• 건강하고 생산적인 문화 제공을 목적으로 창단